JN408888

山 너머 山

| 山行詩集 |

당진문화재단

| 2018 **당진이시대의문학인** 선정작품집 |

山너머山

平松 南相原 제4시집

| 山行詩集 |

제2부 여름(6 · 7 · 8월)

제3부
가을(9 · 10 · 11월)

제4부 겨울(12 · 1 · 2월)

시인의 말

노령화 시대를 누비는 주인공 중에는 취미 생활로 등산을 하며 삶을 즐겁게 하고 덤으로 건강을 챙기며, 가슴이 떨릴 때 산을 찾아야지 다리가 떨리면 희망 사항이 되고 지금 걷지 않으면 나중에는 가고 싶어도 못 간다 하며 기다리는 사람을 찾듯이 등산을 즐긴다.

산은 고처득락(苦處得樂)의 의미를 새기게 하고 어려워도 포기하는 일 없이 자강불식(自彊不息)을 불태워 주며 지성통천(至誠通天) 한다는 말을 믿고 싶어 산자수명(山紫水明)을 찾아 동행인들과 한 몸이 되어 발길 눈길을 돌리며 산의 온량공검(溫良恭儉)과 인지위덕(忍之爲德)을 배웠으며, 정상에 올라 최고의 희열을 느꼈기에 나만의 행복이 아닌 '할 수 있을까' 하는 분들에게 '잘할 수 있다' 는 자신감을 주고 더 나아가 기록으로 남겨 더 많은 분들과 기쁨을 나누어 주고 싶다.

인생의 가을에 서니 감각은 무뎌지고 시상은 떠오르질 않으나 산을 찾으며 보고 듣고 느낀 것들이 많으니 시를 써 보자는 생각을 했으나, 시의 특성상 어려움이 많아 고민을 했다. 시어는 함축적 의미가 있어야 하고, 비유, 상징, 감정이입으로 표현되어야 하며, 음악적 요소(리듬) 회화적 요소(심상)와 의미적 요소가 있어야 하지만, 명산에 숨은 이야기도 밝히고 명소도 소개하여야 하며 등산을 안내하는 역할도 필요하다. 명산에 대한 표현이 능력의 한계에 부딪혀 명예를 어지럽히지 않았나 두려우면서도 함축적 의미보다는 백화점식으로 나열하게 되고, 비유나 상징보다는 서술적이 되어 시의 맛을 상하게 하였다. 그러나 등산에 대한 동경심을 이끌 수 있고, 어렵다고 생각하던 시를 쉽게 이해할 수 있어 나도 쓸 수 있다는 용기를 줄 수 있으면 두 마리의 토끼를 한꺼번에 잡는 것 아닌가 싶어 용기를 내어 처음으로 시도를 해 본 것이다.

모든 것이 그렇듯이 시작은 어설프나 부족한 것을 보충하며 발전시킨다면 충분하리라는 희망도 담았다.

산을 내려오며 다음 산을 계획하면 그 중간은 다음 산에 대한 생각에 푸-ㄱ 빠지게 되고, 준비하면서 또 즐겁고, 다녀오면 즐거웠던 것을 더듬어 기록하며 하루를 마무리하는 것이 즐거우니 나는 내일 또 행복을 찾아 건강을 찾아 산에 가려고 한다.

산행을 같이하며 스승이 되어 주기도 하고 사진도 찍어주며 고락을 함께했던 일신산악회, 다음산악회, 아미산악회, 진송회 회원들에게 감사의 말씀을 드리고 싶고, 정성으로 도시락을 준비해 주며 "조심해서 다녀오세요" 하며 염려와 지원을 아끼지 않은 아내와 "아빠 멋쩌요"하는 자식들에게 노익장을 과시하며 즐거운 산행이 되었다는 생각에서 감사하고 행복합니다.

끝으로 지금까지 살아오면서 지나고 나면 후회하는 삶을 살은 부족한 사람이고 작품도 많이 부족한데 밝은 세상으로 이끌어 주신 당진문화재단에 감사의 말씀과 새롭게 시작한 것을 발전시키라는 명령으로 알고 미력하나마 당진문화발전에 조금이라도 기여하고 싶다는 말씀을 올리며 당진문인협회의 무궁한 발전을 기도드립니다.

2018년

平松 남상원 드림

축시

石玻 **이 양 영**(李洋泳)

초등학교 교장, 일신산악회 회장 역임.
산수집 『그냥 산이나 가유』(2016), 수석집 『石香』(2006).

산 너머 산 그 너머 또 산

선비정신으로 달달해진 평송(平松)은
날카로운 판단의 분위기 맨으로
당진이 낳은 시인 지역사회 봉사자
당진 학유정(국궁장) 사두, 산악회장 등
왕성한 활동을 펴온 남상원(南相原) 교장(校長)의
산행시집 『산 너머 산』에서 번지는
산 오름 빛에 축하의 박수를 보내면서

평송(平松)이
일신산악회(日新山岳會)에 들 적만 해도
산 오르길 힘겨워했었는데
일신(日新) 우(又) 일신(日新)으로 산행 술이 느니
회원들이 당신을 좋아하는 이유가
당신의 소중한 그 모습이 풍겨옴이요.

산이 좋아 산을 오르다
산 내음 그 맛에 빠지고

산과 어울리다
산이 내가 되고
내가 산이 되는 지경에 들어
산 꾼이 되었다 하더라도
익어가는 나이의 세월도 흘겨보면서

육산(肉山)같은 베품의 평송(平松)에서
골산(骨山)의 우러름의 노송(老松)으로
험한 산 굽이돌아 오르는
산우들의 든든한 버팀목으로
모두를 아우르는 산 산으로 자리해주오.

끝으로
산 너머 산 그 너머 또 산을 오르는
산수(傘壽) 산행시집(山行詩集)을 또 펴내기를 기대하며
늘 건강하고 좋은 날만 있기를 기원합니다.

2018년

축사

東江 이 강 헌(李康憲)

중학교 교장, 일신산악 회장 역임.
山行 에세이 『산길 따라 물길 따라』(2004년)
『산이 좋아』(2006년) 『산에 이는 바람소리』(2015년)

평송(平松) 남상원 님의 산행시집 『산 너머 산』 발간을 축하합니다.

일신산악회원(日新山岳會員)으로 저자와 산행하면서 그의 산에 대한 애정과 산행 의지, 예리한 통찰력과 시적(詩的) 감성에 배려 깊은 봉사심까지 항시 느껴왔던 그의 면면(面面)인데, 이렇게 좋은 글로 우리 산악회원들의 산행 모습을 담아 세상에 내놓으니 회원들 모두의 자긍심이고 산행 의지를 더욱 키워갈 수 있는 계기가 되었습니다.

우리들이 산을 찾는 데는, 산은 오른 만큼의 성취감으로 느껴지는 에너지가 삶의 활력소가 되고 있으니 누구인들 어찌 산을 마다하리오. 산, 산을 오르면서 피고 지는 순응의 질서 속에 생명을 지켜가는 인내도 보고 자연에서 변화를 이끌어가는 창조도 느끼면서, 계절에 앞장서는 산의 모습 바로 그 생태의 터전에서 우리 산행은 건강을 지켜가는 보람이었고 세파에 찌들린 영혼들이 찾아가는 자유의 길이었으며 썩어가는 그루터기 하나까지도 산행길을 열어가는 산행한 가치였음을 일깨워 줍니다.

이렇게 우리 모두 산이 포용하는 의미와 산이 제시하는 교훈을 통하여 내일의 내 모습이 '좀 더 성숙(成熟)해지려고' 산을 찾는 그런 의지이었고 우리 모두의 포부였습니다.

저자(著者)는 이런 우리 회원들의 염원이 담긴 산행 모습을 문집(文集)으로 출간하였으니 우리 함께 산행하며 의기투합하였던 모습들이 새록새록 피어나는 추억들입니다. 예부터 노년(老年) 인생은 추억을 먹고 산다 하였으니, 이 책의 출간이 너무 고마움이고 소중한 가치입니다.

그러니 이 책은 우리 모두 산행에 더욱 정진하자는 의지이고 더 발전하자는 외침입니다. 이 책의 출간을 계기로 우리 산악회원들 다시 마음을 가다듬고 자부심을 세우며 노년을 위하여 산행이 멈출 수 없는 길이었음을 확인합니다. 이런 고마운 마음을 간직하면서 더 발전하는 저자의 모습을 기대하며 앞으로도 또 다른 우리들 산행 모습이 담긴 문집(文集)이 출간되기를 소망합니다. 거듭 축하합니다.

2018년

축사

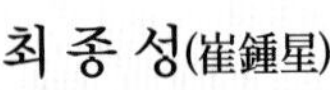

최 종 성(崔鍾星)

당진교육청 교육장 역임. 초대 진송회 회장.

부러운 오복(五福)

오복을 논하려는 의도가 아니고 필자(筆者)와 관련된 사연을 살펴보고자 말머리를 잡았다. 오복의 첫째 조건인 장수(長壽), 건강(健康)과 관련해서 필자(筆者)는 남부러울 정도의 타고난 체력과 남보다 더 챙기는 습관을 가지고 열심히 활동하고 있다. 필자(筆者)와는 같은 관내에서 교직 생활을 하며 개인적인 친분 관계도 돈독하였고 퇴직 후 진송회에서 친목 활동을 함께하고 있어 너무 잘 알고 있는데 진송회 외 아미산악회, 일신산악회, 다음산악회를 비롯한 등산 모임 어딜 가도 메모를 게을리하지 않으며 많은 에피소드가 있다는 것을 보고 들었고, 당진 남산 학유정의 사두를 거치며 봉사활동은 물론 국궁에도 열의를 갖고 있는데 이런 것들이 건강한 체력을 유지하는 것 아닌가 생각한다. 안정적인 노후생활을 하며 원만한 대인관계[攸好德]와 남부러운 가족 구성 등 흔히 말하는 세속적 오복을 두루 갖췄다고 생각된다. 거기에 정말 부러운 복이 하나 더 추가된다. 그것은 다양한 취미와 소양을 갖추고 있다는 것이다.

필자(筆者)가 좋아하는 등산과 국궁 외에도 복지관에서 사군자도 열심히 배우며 정신적인 수양으로 인품을 갖춰 가고 있으며, 특히 본인이 부러워하는 것은 내가 못 갖춘 것을 누리고 있다는 것으로, 좋은 친분 관계를 유지하고 두주불사하면서 실수가 없고 사물을 대함에 있어 아름답게 표현하는 문장력으로 지금까지 세 권의 시집을 출판하여 타인의 부러움을 받은 바 있는데, 이번에는 등산하며 전국의 유명산을 섭렵하고 그 멋진 풍광과 거기서 받은 느낌을 산행시집으로 준비하고 있다. 오랜 기간 끈질긴 노력과 집념의 산물이라 생각하여 경의를 표하고 훌륭한 작품집 출판을 진심으로 축하하며 책이 세상에 태어나면 많은 사람들이 공감하고 좋은 안내서가 될 것으로 믿으며 그동안 고생 많았습니다. 다시 한번 축하합니다.

2018년

축사

박 영 신(朴永信)

아미산악회 회장 역임. 당진시교육삼락회 회장.

어느덧 고희를 훌쩍 넘기고 산수를 향해 달려가는데 『산 너머 산』이라는 산행시집을 발간하게 됨을 진심으로 축하합니다. 내가 필자를 알게 된 것은 퇴직 후 일주일에 한 번씩 만나서 등산도 하고 목욕도 하며 점심을 먹는 진송회라는 모임에서이고, 지중해 지역 해외여행을 같이하며 정을 나누었으며, 당진교육삼락회 사무국장을 물려주며 더욱 친분이 두터워지게 되었고, 매주 금요일에 만나는 아미산악회에서 정이 깊어졌으며, 신협산악회, 일신산악회도 같이하며 건강을 도모하며 사진도 나누고 의견도 나누며 추억을 만들어왔는데 언제든지 보면 무엇인지는 몰라도 메모지에 적더란 것이다. 그것이 훌륭한 작품집이 되어 세상에 나온다니 많은 시간을 같이한 입장에서 축하하지 않을 수 없지요.

오랜 기간을 같이 하며 귀감이 될 점을 말하자면 첫째. 등산을 오감으로 느끼며 수양하는 자세더란 것이다. 대개는 산을 가더라도 잡담을 하며 다녀왔다는 것을 자랑하며 지나가면 잊어버리는 것을 사진을 정리하고 추억을 기록하는 훌륭한 습관을 가지고 있었다는 것이고, 둘째, 통찰력과 문장력이 뛰어나다는 것이다. 산마다의 특징과 느낌 멋스러움을 그 산에 알맞게 표현하는 실력은 평소의 소양이 아니었나 싶으며 인품에서 흘러나오는 매력이 글쓰기를 통하여 작품으로 완성된 시집을 세 권이나 출판한 것으로 사료 되며, 셋째는 집념이 강하시고 하시고자 하는 일을 끝까지 해내더라는 것이다. 등산을 하다 보면 운동량이 많을 뿐 더러 정상주는 물론 하산주에 뒤풀이 까지 하면 보통은 그것으로 만족하며 넘어가는 것인데 잊지 않고 어느새 정리하였느냐는 것이다. 그것도 빠트리지 않고 말입니다. 정말로 의지가 강하고 집념이 대단하단 말밖에 드릴 말이 없습니다. 다시 한번 소중한 옥고를 모아 작품집으로 재탄생하는 산행시집이 후세인들에게 귀감이 되고 새로운 의욕의 시작이 되길 기원하고 남은 여생 즐거운 산행 많이 하시고 건강하시길 빌며 진심에서 우러나는 축하를 드립니다.

2018년

청춘은 함초롱이 젖어나고
넌 이브인가
푸른 유혹이 깃들여
감미롭게 핀
황홀한 5월.

— 김용호 「오월의 유혹」 중에서

산에서 우는 작은 새
꽃이 좋아
산에서
사노라네.

— 김소월의 「산유화」 중에서

제1부

봄
(3 · 4 · 5월)

– 바래봉 철쭉 –

남산, 468m, 2018. 4. 8.

남산(南山)

신라 천년의 역사와 함께한 경주
그 신라문화를 보여주는 남산은
미래에 더 찬란할 것을 예약하고
세계문화유산으로 등재된 노천박물관이다.
남신(男神)과 여신(女神)은
기암괴석이 부드러운 망산(望山)을 만들었고
입가에 미소가 잔잔한 마애불
골골마다 즐비하고
상층부 없는 석탑
하늘을 향해 무언가를 외치며
꽃들이 피고 져도 깰 줄 모르는
금오신화의 산실과 더불어
한 굽이를 돌면 아름다운 전설이
경쟁하듯 새롭게 나타난다.
마음까지 흔들어 놓는 설잠교* 밑에는
식수원이 된 용장골 계곡물 춤추고
전복같이 생긴 왕실 별궁 포석정엔
당시 풍류와 기상이 흐르고 있으며
오리(五里)마다 심어 지표목이 된 오리나무
송림 속에서 시선을 잡는다.
고위봉과 금오봉이
봄날의 새순처럼 피어
따뜻한 봄 햇살을 더욱 빛내 주는
남산.

* 설잠교 : 경주 남산의 용장 계곡을 가로 지르는 현수교 양식의 다리.

도고산, 485m, 2017. 3. 18.

도고산(道高山)

겨울을 이긴 봄날
가벼운 복장으로 찾은 도고산
도(道, 바른길, 근본)와 고(高, 높음)가 합하여
군자처럼 의연하게 되란다.
바다가 아산만으로 깊숙이 들어와
내포(內浦)가 된 의미를 되새기며
서해안의 초계와 방어를 위한
군사 요충지를 확인할 수 있다.
도고 저수지의 기운을 받은 진달래꽃 한 송이
빨갛게 피어 새봄을 알리고
밧줄을 잡고 바위가 비켜준 길
도고산 국사정에는 봉수대가 있고
동막골 갈림길 지나 칼바위 도고산 전망대
과정의 피로를 한 번에 잊으려
아담한 정상석에 얼굴을 대며
예당평야와 아산만을 한눈에 넣고
아름답고 평화로운 환경에 반했다.
조선왕조 개국 시 개국 원종 공신 책록을
과감히 거부하고 은둔하며
자호(自號)를 송암(松庵, 김질)으로 한 절의도 새겼다.
하산하며 마신 약수터 물 한 모금은
어~시원하다란 소리를 낳았고
동막골과 만나는 농로로 원점 회귀하여
모두는 스틱을 부딪치며
멋진 하루 산행을 맺었다.

돈대산, 271m, 2018. 3. 11.

돈대산(墩臺山)

진도군 조도면 하조도의 돈대산
바다, 하늘, 바위와 등대라는
자연 재료가 빚은 예술의 극치다.
점점이 떠 있는 섬 무리가
바다 위 새 떼가 되었고
퇴적암 덩어리가 솟대처럼 솟은 손가락바위
엄지손가락도 되었다가 의좋은 삼 형제로 변신하며
장닭 벼슬 모양의 암릉이
겹겹이 꽂혀 있는 투스타바위하며
구멍바위를 통해 나타나는 풍경은 이채 그 자체네.
능선에 서면 비밀의 정원에서
상상 이상의 경관에 탄성이 절로 나고
여섯 꽃잎이 가냘픈 까치 무릇
수줍어 노란색을 머금은 빨간 동백
파릇한 부처손에 이름 모를 야생화 지천이다.
기암괴석이 바다 위에 솟아
만물상을 이루고 외계인을 기다리는 모습은
다도해 해상국립공원을 만들고
한국의 아름다운 길을 만들더라.
성벽 위 망루가 된 돈대산이
하얀 등대를 통해
희망이라는 목적지를 향하는
인생길을 안내 하더라.

바래봉, 1,165m, 2017. 5. 14.

바래봉

해낼 수 있을까? 두려움을 품고
스님의 바리(밥그릇)를 엎어 놓은 모습의
백두대간 지리산 바래봉을
전북학생교육원(남원시 운봉)을 출발하여
용산리 주차장까지 12㎞를 가는데 5시간인데
마침 바래봉 철쭉제 기간이더라.
큰 나무 하나 없이 철쭉꽃 활짝 피어
순한 능선의 정상 주위를 완전 물들여 놓고
아름다움과 그 자태를 뽐내고
산 등을 넘는 힘찬 바람에는 고개 숙이며
만인의 시선에는 수줍어하는데
인파에 밀려 오르내리는 모습은
꽃돌이 하는 것 같고
큰 개미 떼의 대이동이더라.
봄 햇살이 지리산에 모여 반짝이며
천왕봉에서 노고단까지
산수화의 병풍을 조망하는 기회는 덤이다.
하산길에 만난 철쭉 샘물 바짝 말랐어도
거친 숨 몰아쉬는 인파 끝이 없으니
자연과 더불어 춤을 추었고
발걸음마다 묻어나는 허브 향에
괜스레 왔다 가는 것이 아니고
두드리면 열릴 것임을 믿고
내일을 위해 더 좋은 곳을 두드리자.

범머리길, 2018. 4. 26.

범머리길

서산시 팔봉면 호리(구도항) 범머리길
범의 머리 모양을 한
돌출 바위산 주변에는
산의 모양이 연두(燕頭-제비부리)를 닮은 연두곶이
바다와 어울려 멋진 풍광을 뽐내고
썰물 때만 드러나는 스믄여에는
아낙의 슬픈 전설이 흐르며
가로림만 해로를 관할하던 구도성은
석성의 흔적만 남았다.
산양과 같은 모양의 산양포는
죽어 찾는 명당자리가 되었으며
전래 동화를 스토리텔링 길엔
해님, 달님 이야기가 전하고
고부레 해변 백사장에는
여름에 유난히 찬 옷 샘이 복원되었고
세상을 만든 마구 할멈의 신화가 깃든 돌이산
물살이 거세어 '우럴우럴' 소리가 나는 우럴목
주벅녀를 기리는 곳엔 주벅배 전망대
연인의 사랑이 결실 맺는 낭아래
명사십리를 연상시키는 명지금을 걷노라니
윤동주의 「새로운 길」이
나의 길에 믿음이 되어
발걸음 가볍게 하네.

벽방산, 650m, 2017. 4. 21.

벽방산(碧芳山)

국립공원 조망 경관 최우수상에 빛나는
통영의 한려수도를 품은 벽방산
바리를 받쳐 들고 있는 모습으로
승가에선 벽발산(碧鉢山)이라 한다.
등산길 구불구불한 임도를 가로질렀고
꽃을 내려놓은 매실은 열매로
송화는 노란 가루를 뿌리며 환호하고
거대한 암반 바위 능선은
선배 따라다니며 미친 산행에
경쟁하듯 거친 숨소리를 토하며
쉼을 허락한 잿빛 바위를 넘어
진분홍 진달래의 환호를 받으며
스틱을 높이 들어 만족을 표한다.
가파르고 거친 길 위 돌탑 무지 장관이고
멀리 가까이
미륵산, 연화산과 계룡산까지
하나의 조각품을 만드는 데 동참하더라.
시누대 사이로 부갑석이 피고
바다를 향한 바위의 모습이 다양하며
석탄절을 준비하는 안정사의 모습은
좌선하며 천공(天供)을 받아 승경(勝景)을 높이고
자연의 그림에 신기해하니
봄 햇살은 바닷물에 반짝이었다.

봉수산, 483.9m, 2017. 3. 3.

봉수산(鳳首山) 1

예산 대흥의 의좋은 형제가 지켜온 봉수산
금북정맥을 이으며 예산인의 자존심을 지킨 산을
봉수산 휴양림 관리소 주차장을 출발하여
207호 때죽나무 집 옆을 지났다.
어젯밤 눈이 내린다는
일기예보에 맞춰 놓은 환경
소나무 가지는 작은 스키장이고
가끔 떨어지는 눈송이는 위험을 알려도
백제 부흥 운동의 흔적이 남은
임존성(사적 90호) 옆길로
미끄러지고 기어서 찾은 정상에는
깔끔한 정상석이 마당 가운데 있더라.
두 팔 벌려 환호를 하니
건너다보이는 오서산과 발아래 예당 저수지
반갑다고 달려와
산 좋고 물 좋은 고향이라고 알리고
형님 먼저 아우 먼저 공원에는
우리 모두 사이좋게 지내라 하더라.
예당호 생태공원의 하산주는
풍취해서 오고 가는데
형님 먼저 취하고 아우는 나중에 취하며
예당 조각 공원을 지나
고래가든의 붕어찜은 하루를 마무리하는데
너를 즐겁게 하려면 취미생활을 하고
너를 젊어지게 하려면 산을 찾으라 하니
내일 다른 산을 찾을 우리에게는
기쁨과 행복이 더 없더라.

삼해봉, 92.7m, 2012. 5. 5.

삼해봉(三海峰)

우리나라 섬 중 여섯 번째인 안면도는
태안반도에 위치하며
안흥에서 연륙교로 연결되었다.
세계 꽃 박람회로 이름난 꽃지 해수욕장
자연산 대하의 고향 백사장항
적송의 향연이 연출되는 자연휴양림 등
안면도를 대표하는 것들과
할매바위 유래 생생하고
삼봉해수욕장의 백사장에
펼쳐지는 서해 낙조는 정말 일품이다.
산 같지 않은 산을 오르면
모시조개봉(58.2m) 지나 바지락봉(63m)이 있고
새조개봉(92.4m) 지나면 삼해봉(92.7m)인데
그 옆 전망대에 전개되는
서해 바다 가물가물 수평선을 만들고
가끔 보이는 안면도 난(蘭)의
유혹을 뒤로하고 더 가면
진주조개봉(56.6m), 키조개봉(73m)이 있는데
봉우리 같지 않은 봉우리마다
각종 조개 이름을 붙였고
정상석 마다 해발의 표기가 있어
그 잔상이 오래 남는다.

석문봉, 653m, 2017. 4. 27.

석문봉(石門峰)

덕산 도립공원의 가야산 석문봉
가야봉, 원효봉, 석문봉, 옥양봉, 수정봉과
일락산, 상왕산, 덕숭산과 연결되고
백제시대 마애석불의 최고 걸작
용현리 마애여래 삼존상은 국보(제84호)이며
보원사지, 개심사, 수덕사, 일락사 등 유적과
내포문화숲길 서산 아라메길과 통하며
자연경관의 수려함이 타와 비교가 어렵다.
단풍나무의 연한 새순이 빛을 내고
분재 같은 소사나무의 멋진 자태는
석문봉의 품위를 높이높이 띄우고
긴 가뭄에도 옥양폭포의 계곡물
기쁜 숨소리 식혀주기 충분하고
능선 길의 연분홍 진달래
늦게 피어 더 사랑받네.
태극기 휘날리고 백두대간 종주 기념탑은
석문봉의 운치를 극대화하니
더 바랠 욕심을 놓게 하고
건강할 때 더 많은 산을 찾아
감사함을 느끼며 그 마음을 전하고 싶다.
자신에게 먼저 뿌려 남에게 전하는
향수 같은 행복을
그 행복의 씨앗을 스스로 만들어 보자.

설화산, 441m, 2017. 4. 3.

설화산(雪華山)

아산시 외암리 민속마을 반석교 건너
민속 마을 포토존을 지나니
설화산은 뾰쪽한 큰 바위 하나다.
생강나무가 노란꽃을 피우며
새봄의 희망을 노래하니
밧줄 옆 돌계단과 바위를
쉽게 넘고 넘었고
맹사성 고택, 카터 길을 중얼거렸으며
이지함(호 : 토정)이 '아차' 한 얘기도 나눴다.
정상은 붓끝 모양의 문필봉(文筆峰)이
비치는 곳에서 문필가의 배출과
칠승팔장(七丞八將)(7정승과 8장군) 지지의 명당에는
정상석은 없고 태극기가 펄럭이더라.
문화유산 외암리 민속마을을 지키며
광덕산을 마주 보며 친구가 된
자연이 만든 최고의 그림에 반했고
보이지 않는 큰 바위 옆 하산 길
시원한 바람이 남긴 상쾌한 공기는
생각이 깊은 산을 더 생각하게 하고
이름 모르는 작은 파란 꽃
발걸음을 조심하게 하였다.
송악면 외암리 효도마을 간판 옆
아주 오래된 느티나무가 넓게 자리하듯
가슴 속에 오래 묵을 것 같다.

아미산, 349.5m, 2017. 4. 3.

아미산(峨嵋山) 1

청명에 오른 당진의 영산 아미산
노란 개나리(꽃말 : 희망) 왼쪽 길에 도열하고
김소월의 「산유화」가 반겨주어
발길 가볍게 1봉 지나 2봉
작은 배미산의 아늑한 경관이
파노라마처럼 전개되고
내포문화숲길 소나무 사이로
김현승은 벌써 「가을의 기도」를 올린다.
산을 그대로 두고 가는 길에
신경림의 「갈대」는 흔들리지 않고
정상인 3봉 사방으로 트인 아미정엔
당진의 모든 것이 모인다.
그 앞에 아미탑 표지석과 돌탑은
오른 만큼 허락하는 풍광을 말하고
백목련 두 그루 활짝 피어
당진시의 가장 높은 봉우리를 높이더라.
하산 길에 만난 유치환의 「노송」은
용의 비늘을 입고 청산에 푸르고
노다지의 꿈을 품은 금광 동굴은
옛사람들의 삶의 가치를 쓸쓸히 느끼는데
빨간 매화 달려와 군자지교(君子之交)* 하고
암향부동(暗香浮動)* 하니
시인들의 시어 속에 아미산은 살아서
아미산은 더 사랑받으며 감동을 주리라.

* 군자지교(軍子之交) : 매화의 높은 지조는 군자의 사귐.
* 암향부동(暗香浮動) : 매화 향기가 떠서 움직인다.

안양산, 853m, 2012. 5. 11.

안양산(安養山)

떨어지는 빗방울 소리가
사색의 여유로움을 이끄는 5월
철쭉의 진분홍빛이 펴지는
무등산 국립공원의 화순 안양산.
운무가 걷히며 새로 태어나
환하게 웃으며 반긴다.
억새 군락지에 바람이 일면
백마의 갈기처럼 보인다는 백마능선에
지천으로 핀 철쭉이 군락을 이루어
두툼한 평지의 정상석을 둘러싸니
무등산의 정상 3봉(입석대.서석대.광석대)은 반하여
가까이 오려고 몸부림이고
멀리 보이는 옹성산과 모후산은
바위 전망대에 앉아
절경의 폭포는
물이 바위와 절벽의 만남이다 한다.
임진왜란 때 애국정신이 깃든
의병 주둔지 둔병재를 넘었고
안양산 휴양림의 편백나무 밑에서
심호흡 크게 하고
즐거운 산행에 만족하며
군더더기 말 따위를 버렸다.

연암산성, 2017. 5. 3.

연암산성(燕巖山城)

해미면 산수리 산수 저수지에서
삼준산 압휘봉 가는 길에
알려지지 않은 연암산성이
팻말 하나에 의지하며 잊지 말라 한다.
해미면 대곡리에서 고북면 초록리까지
3개의 계곡을 에워싸면서 축성된
토고식 산성이 5m 정도 남아
몸으로 버티며 몸부림치더라.
가끔 나타나는 멧돼지 흔적이 있고
고사리는 지천이고 봉삼도 보이며
내리쬐는 햇볕은 소나무가 막아주고
송홧가루 연무처럼 쏟아지며
피톤치즈 가슴속까지 채우더라.
얼굴 주름은 평생 걸려 만들고
눈물이 없는 눈에는 무지개가 없듯이
조금 남아 몸부림치는 흔적에서
역사적 가치가 밝혀지길 기원한다.
한 발 뒤에서 그리고 아래서 바라보면
더 잘 들리고 더 잘 보인다.
부처님 오신 날 오른 산에서
자유롭고 평등한 불성이 함께하고
자비와 지혜로 미래를 열자.

오산, 530.8m, 2017. 4. 9.

오산(鰲山)

거북이가 지리산을 지고 긴 목을 빼며
섬진강 물을 마시는 모습의 구례 오산을
죽연마을을 출발하여 동해마을로 하산하고
섬진강변 12㎞ 중 일부를 걷는 코스.
고승(원효, 도선, 진각, 의상)들이 참선하며
연좌 수도했던 자리를 살린
깎아지른 듯한 벼랑에 화엄사 말사
사성암(전남 문화재 33호)을 가볍게 품었고
소원을 들어준다는 소원바위
800년 묵은 귀덕나무 인상 깊고
실핏줄 같은 개천물을 모아 담아
이산 저산 허리를 감돌아 흐르는 섬진강은
겹겹이 싸인 벚꽃에 잠겨있으며
산에 들면 산은 바위와 나무만 보이나
산을 벗어나면 산은 본 모습을 드러내듯
지리산 최고의 전망대엔
노고단, 반야봉, 삼도봉이 그대로 박히더라.
산 좋고 물 좋은 곳에서 가객은 쉬며
관객이 없어도 한 곡을 뽑고 싶듯이
능선길에 만개한 진달래꽃을 보며
등산객은 어우러진 풍경에 취한다.
우아한 문척교 옆 좌우 도로변의 벚꽃
만발하여 꽃비를 뿌리며 재롱떠니
나이를 잊고 동심에 빠지며 행복해했고
철딱서니 없이 즐거워하며 하루를 접는다.

위례산, 523m, 2018. 4. 3.

위례산(慰禮山)

농촌의 향기가 물씬을 넘어 진동하여
새봄의 내음을 오롯이 묻었으나
길섶 산수유 노란 손 흔들고
산죽 군락지 너머 금성사는 여전하다.
안성 칠현산을 발원으로 금북정맥 능선에서
성거산, 흑성산과 부소산, 서운산을
남북으로 연결하는 천안 입장의 위례산.
부여 백마강까지 흘러든다는
용정(龍井)에 얽힌 전설을 품었고
백제 도읍지 위례성보다는
방어를 위한 위례성으로 보이는
문화재 자료 제262호의
테뫼식 산성인 위례산성이
샛노란 생강나무 향기 속에 묻힌다.
혼자는 어림도 없고
함께 즐기는 호사로움은 덤이니
눈 앞의 산
눈 뒤의 산은
보이는 것만 보지 말고
마음으로 느끼라 하니
무심(無心) 속의 산이 되더라.

유달산, 228m, 2013. 4. 18.

유달산(儒達山)

목포의 상징 유달산
영혼이 거쳐 가는 곳이란 영달산으로
노령산맥의 큰 줄기가 무안반도 남단에 이르러
마지막 용솟음한 곳
기암과 절벽이 첩첩이 쌓여
호남의 개골(皆骨)이란다.
다도해에서 육지를 바라볼 때
서남단 땅끝의 산으로
왜적을 경계하던 봉수대와 노적봉은
심란했던 역사를 말하고
바다를 사수한 이순신 장군의 동상에서
바다를 호령하던 기상과 호국정신이 되살아나고
이난영의 노래비에선
지금도 사공의 뱃노래가 울리고 있더라.
날로 변화하며 발전하는 목포시가지와
강강술래로 흥을 돋구는 다도해를
한눈에 가득 넣고
과거 역사를 교훈 삼고
현재의 대한민국을 걱정하며
새로운 미래를 꿈꾸게 하더라.

태조산, 421.5m, 2018. 3. 18.

태조산(太祖山)

태조 왕건이 이 산을 찾아
오룡쟁주(五龍爭珠)의 지세를 살피고
후삼국 통일의 진지로 삼은 천안의 진산
왕자산(王字山)의 주산(主山)이다.
각원사를 양팔로 감싸며
좌불상은 남북통일을 기원하고
아픈 역사를 잊지 말자는 독립기념관에
미래를 약속하는 대학촌을 품은 산.
읽을수록 책을 닮아가듯
오를수록 산을 닮고 싶어 하며
고향 가듯 찾았고
미워하면 나부터 괴롭고
흉보면 내 흉만 더 커짐에
좋은 것만을 생각하며
1.5m 앞만 보고 올라 추억을 만들고
삐딱한 정상석을 바라보며
고개를 갸우뚱거려도 보았다.
하늘 아래 편안함을 빌고
마음의 속도를 조절하며
걷는 것 자체가 답이란 생각으로
어두운 표정 없는 태조산을
눈으로 본 것이 아니고
마음으로 느끼고 왔네.

팔공산, 1,192m, 2012. 4. 13.

팔공산(八公山)

대도시 근교의 도립공원 팔공산은
불교의 성지이자 대구의 진산으로
고려의 팔 공신을 기린다는 의미가 전하고
동화사를 비롯한 사찰과 유적들이 많다.
갓바위[冠峰] 1,365* 계단 넘으며
거친 숨소리, 흘린 땀방울
산행의 보람을 말하고
앞 사람 발꿈치만 보며 걸어도
가끔 몸을 세로로 하는데
갓바위 석조여래좌상의 염불 소리에
한 가지 소원을 빌어야겠다는 마음 생기며
먼저 온 사람은 간절한 염원으로
하늘 향해 손바닥을 연신 펴더라.
봉황이 날개를 펼친 산세와
갓바위를 휘두른 병풍 같은 바위
산과 강 시내를 한눈에 조망하며
마음 편하게 비우고
눈으로 보지 말고 떠나면
갈매기의 꿈은 실현되니
건강한 사람도 세월을 못 이기듯
인생 아쉽다 하지 말고
지금부터 시작이란 마음으로
모든 것을 하늘에 맡겼다.

* 1,365 : 1년 365일을 의미함.

팔봉산, 361.5m, 2014. 4. 3.

팔봉산(八峰山) 1

많은 팔봉산 중에
태안 팔봉산은 원래 구봉산이다.
제1봉부터 제4봉 까지 하고
원점으로 회귀하는 코스.
요즘 재조명되는 오청취당의
"스스로 탄식하며"을 감상하고
임도 따라 담소하며 천천히
제1봉(감투봉)에 올라 소원을 빌며
팔봉산 최고의 전경에 취했고
넘실거리는 푸른 파도를 보며
고향 가고 싶어 하는 거북바위
용왕이 보낸 우럭이 경치에 반하여
돌아가지 못하였다는 우럭바위
통천문을 통과하여 오른 3봉(정상)은
용맹과 건강의 상징 어깨봉 이란다.
미래의 희망 서해 바다와
태안반도의 섬들이
바다의 교향시를 노래하고
중앙리 펄 낙지는
새 입맛을 창출하여
한번 가면 또 가고 싶은 산
태안의 팔봉산이라네.

해명산, 327m, 2013. 3. 18.

해명산(海明山)

강화 외포리 선착장에서
자유 분망한 갈매기와 함께 출항하며
삼산면(三山面)의 의미를 새긴다.
진득이 고개, 해명산, 낙가산을 거쳐
보문사로 하산하는 코스.
육산에 가끔 들리는 까마귀 소리 묘하고
산까지 따라온 갈매기는 길을 안내하는데
머리를 맞대고 생각에 잠긴 바위와
머리가 무거워 넘어질 것 같은 바위는
시선 집중하고 쉬어가라 한다.
바위 옆 녹슬은 철조망은
군사보호구역이었음을 말하고
햇살에 반짝이는 은빛 바다 너머는
깊은 적막에 빠졌는데
교동에서 내리뻗어 바다에 솟은 교각은
벌써 희망을 가득 실었더라.
만나면 그저 반갑고
보면 볼수록 아름다운 산에서
하루의 행복을 음미하며 만난
해수관음 성지 보문사는
보리암, 향일암, 낙산사를 연상시키는데
낙가산의 눈썹 바위가 눈을 부릅뜨고
섬 산행의 맛을 잊지 말라 하네.

황금산, 156m, 2017. 4. 24.

황금산(黃金山)

빠알간 모자를 갖춰 쓰고
'서산시 아라메 길' 장승이 지키는
독곶 황금산을 찾았다.
황룡이 조기 떼를 몰고 와
황금 바다를 이루어 붙여진 이름.
완만한 숲길과 야생화
분재하기 좋은 소사나무와 몽돌 해변
푸른 바다가 하나가 된 아늑한 곳
자연산 가리비가 입맛을 돋우기도 한다.
서해안 시대의 대산항 부근은
활발한 무역과 관광의 중심이며
중화학 공업지구를 이루어
쌍전 벽해의 표본이 되었고
오랜만에 찾는 이는 어리둥절한다.
코끼리 바위 코 한 뼘 더 나와
사진의 배경에 좋아졌고
소원을 들어주는 돌탑
영험과는 무관하게 기억되네.
황금목을 지나는 배들의
안전운항을 기원하기 위해
임경업 장군을 모시고
언제부턴가 산신제도 올린다.
자연이 만든 그림을 감히
오롯이 한눈에 넣고
아무 말 없이…!

황매산, 1,108m, 2014. 5. 17.

황매산(黃梅山)

합천군 군립공원 황매산
합천호에 비친 모습이 매화 같아 붙인 이름
소백산맥을 이으며 합천 8경으로 말한다.
700m 고지의 자연생태 습지 인상적이고
철쭉 축제의 흔적 따라
많은 등산객이 줄을 잇고
정리된 등산로 따라
야생 철쭉 군락지 장관이네
제2 철쭉 군락지지나
배틀봉에 비친 정상과 상 · 중 · 하 암봉
산명(山名)에 잘 어울리고
넓은 산길을 보호하는
능선 위에 나무로 만든 길을 지나
기-인 시간과 가파른 오름길도
정상을 앞에 두고 힘 못 쓰더라.
만물상을 방불케 하는 정상 암봉에는
사람은 많고 위험하여
조금 떨어져 기념사진 찰칵하다.
황강의 지류가 흐르고
사정천의 발원지 이곳이니
산 좋고 물 좋은 것과 어울려
전망 좋은 명당지 무지개 터라네.

팔월의 사자들은
아무리 줄기가 타 들어도
꼿꼿이 세는 머리 위로
소릴 지르면
웃음소릴 지르면
번쩍 들어 올린 강을 쏟아
온몸으로 들이키고 있습니다.

— 전봉건 「팔월」 중에서

모였다간 흩어지고
흩어졌다간 모이는
여름 하늘에 구름들을 보아라
늘 새로이 모양 짓지 않던가.

— 박재삼 「구름의 여름방학」 중에서

제2부

여름
(6 · 7 · 8월)

– 가야산 –

가야봉, 678m, 2017. 8. 18.

가야봉(伽倻峰)

덕산 도립공원 가야산
외야골 계곡에는
물 먹은 바위 미끄럽고
흐르는 물소리 시원하다.
용의 비늘을 입은 노송 근처엔
색깔도 다양한 버섯이 솟고
바람에 시달리다 떨어진
열매가 발길에 차였다.
먼 산은 박무(薄霧)에 가려져도
금지구역 안의 시설은
금북정맥 가야산의 정상임을 알리고
전망대에 선 일행은 신선이 되어
정상주에 대화의 꽃을 피웠다.
안산에 즐산을 위한 조심조심에
오금 저림은 행복이 되었고
열악한 환경의 오늘은
오가는 등산객 드물어
선녀 없는 선녀탕에 입수하여
소리도 지르고 물도 튀기며
새로운 맛도 보고
혼자만의 멋에 취하였다.

구룡산, 2017. 7. 3.

구룡산(九龍山)

근처의 생활인도 잘 모르는 구룡산은
당진과 면천의 경계 승전목에서
뜨거운 햇살을 차단하는
울창한 나무가 비켜선 길을 따른다.
등산족의 발길은 뜸하고
바위 하나 없는 완전 육산 능선은
원효 깨달음 길을 이으며
품격을 높이는 보라색의 엉겅퀴와
숨어 가치를 말하는 봉삼이
부지런히 걸으라고 말한다.
구룡머리에 도착하면
등산로 정상이란 이정표만 있고
고도 표시 하나 없으나
등산길 편도 2.6km는
거친 호흡 없이 명상할 수 있고
대화하며 즐기기에 넉넉하다.
이름도 처음 듣고 처음 밟았으나
조용하고 편안하여
머~언 훗날에는
자주 찾을 것 같다.

국사봉, 151m, 2017. 6. 11.

국사봉(國思峰)

옹진군 장봉도의 최고봉인 국사봉
삼목항 갈매기 너울너울 춤추며
옹섬 선착장을 안내하면
군계일학으로 솟아
강화군 석모도 해명산과 마주하고
바다 건너 북한 땅을 본다.
기~인 해안선을 굳게 밟고
소사나무 그늘 사이로
등뼈 같은 능선길 부드러우니
작은 봉우리들의 부러움을 안으며
긴 섬의 중앙에서 중심 잡는다.
국사(國思)는 꼭꼭 숨겨놓고
사는 것도 모르며
죽음을 어찌 말하리오만
경쟁하듯 나오는 거친 숨소리의
여유 있는 쉼을 허락하는 국사봉은
끝까지 포기하지 않으면
네가 원하는 것을 얻으리라 한다.

금산, 705m, 2013. 8. 26.

금산(錦山)

삼남 제일의 명산 남해 금산(명승 제39호)
한려해상공원의 유일한 산악공원으로
조선 태조가 100일 기도 후
왕위에 등극한 보은으로
이 산을 비단으로 싸겠다는 산신과의 약속으로
금산이 되었다는 이야기가 생생하다.
인자한 모습으로 바다를 향해
관음보살이 상주하는 성스런 곳
해수 관음성지인 보리암
일출의 장엄한 광경이 가물거리고
아름다운 바닷길 300리가 안긴다.
창조주의 거룩한 뜻을 담아
국토 남단을 비경으로 만들었을 것이다.
깨어나는 것을 돕는 바위란 뜻의 부소암
신령스런 사람의 뇌를 닮았고
단군 또는 진시왕의 아들 부소가
방황하다 이곳에서 기도했다는 전설이다.
정상 전망대에서 바라보면
절정의 녹음도 모두 감추지 못하여
사방에는 비경이 솟아
전개되는 것이 현실인가 의심하니
이곳이 왜 명승지인지를 알게 한다.
신이 인간에게 준 최고의 선물이 지금이라면
지금 이 추억을 오래 간직하련다.

금수봉, 532m, 2017. 6. 3.

금수봉(錦繡峰)

계룡산 국립공원 수통골지구 금수봉은
천황봉에서 우측에 위치하며
주위의 풍경이 비단에 수놓은 듯하여
거침없이 붙여진 이름.
성북동 삼거리 0.9km의 계단길
고무를 깔아 촉감은 있어도
거친 숨을 고르는데
계룡산 봉우리들이 병풍처럼 펼쳐져
한눈에 박히는 도시를 품더라.
금수봉 정상석은 없어도
팔각정에 올라 정복감에 취하여
다른 계획을 세우게 하더라.
도둑골에서 유래된 도덕봉과 금수봉 사이
수통골은 건폭포가 된 지 오래어도
나무 중에 나무 참나무와 어우러진 숲
도시의 건강을 책임지며
계곡 유원지를 찾은 가족 단위 인파에
웃음꽃을 넉넉히 주더라.
비어 있는 인생길에 그리움을 채우려 하고
아름답고 행복한 일을 꿈꾸니
노을길이 더욱 풍성해지겠지?
마음에 여유를 즐겼다.

낙영산, 684m, 2017. 8. 13.

낙영산(落影山)

백두대간 상주 늘재에서 갈라져
화양계곡에 솟아 있는 낙영산
태고의 신비를 안고
계절마다 몸단장하며
누군가를 기다리는 산답게
오늘은 짙은 녹음에
시원한 바람으로 뽐낸다.
며칠 전 국지성 호우로
망가진 바닥에는 돌멩이 뒹굴어도
홀어미를 모시려는 남매의 이야기
생생한 미륵산성(일명 남매성) 견고하고
파노라마처럼 펼쳐지는 절경과
바위와 어우러진 노송은
Photo Zone의 배경으로 만족이다.
길게 드러낸 뿌리를 밟으며
정상석의 인증샷은
인간의 욕심 참 민망하였다.
어마어마한 문바위 아래
어린 소나무 한 그루
희생당하지 말고
멋지게 남아서
다음 세대에게 보여주길 빌었다.

도명산, 642m, 2017. 8. 13.

도명산(道明山)

괴산군 청정면의 도명산
화양구곡을 품은
인향(人香, 퇴계 이황)이 지금도 남았네.
낙영산(落影山)에서 시작한 미륵산성 따라
국립공원 속리산 전경이
한눈에 들어와 요술하고
노적송(老赤松)과 바위가 어우러져
절묘한 경치를 연출한다.
말복(월복)이 지나니 계절 이기는 자
없다는 말에 실감하고
높은 하늘에 가끔 보이는 흰 구름이
갈 곳을 안내하는
철계단을 힘들게 오르면
5개의 큰 바위가 포개져 정상을 만든다.
아홉 달을 머물며 풍광을 즐겨도
더 있고 싶어 했을 것이다.
제자리에 있는 대로 놓고
떨어지지 않는 발걸음을 옮기는데
맑은 물과 깨끗한 모래의 금사담(金沙潭)과
구룡의 그림자가 밝게 비친다는 운영담(雲影潭)은
하산까지 즐겁게 하더라.

마복산, 538.5m, 2011. 6. 18.

마복산(馬伏山)

전남 고흥의 명산 중 하나
말이 엎드려 있는 모양의 마복산
짙게 녹음이 든 여름인데
바위를 지고도 건강하다.
멀리서 보면 동서로 길게 뻗은
동네 뒷산같이 평범해 보이나
들어서면
왕바위, 신선대, 장군석, 수문장바위 등
신비감을 더하고 더하여
꽃보다 아름다운 기암의 절경을 이루어
작은 금강산이란 이름을 낳았다.
능선길에 자주 나타나는 작은 이정표는
밧줄 잡고 오른 몸을 피곤에 빠트려도
해상 국립공원 다도해를 굽어보니
유람선 위에 떠 있는 기분이며
괴석에서 빛이 나는 팔영산과
물길 끝자락의 운암산까지 옆에서
같이 놀고 싶어 하고
크고 작은 돌무덤 같은 봉수대를 돌아
하산길에 만난 노루귀 지천이며
귀한 천남성도 반갑다 인사하더라.
북풍한설에도 향기를 팔지 않는 매화처럼
누워 있어도 품위를 지키는 마복산이 되어라.

몽산, 299m, 2017. 7. 6.

몽산(蒙山)

면천중학교의 몽산관을 생각하며
면천인의 일출 행사 때 처음 찾았던 몽산을
오늘은 장마 틈에 혼자 찾아
'난마돌' 태풍의 앞 바람을 받으며
솟는 땀을 주체할 수 없이 흘렸다.
내포 역사 인물 동학길 따라
옛 면천군의 진산(몽산) 정상에는
모감주나무 샛노란 꽃 피고
자귀나무도 선명한 빛을 뿜더라.
'석문지맥 299m' 가 걸려있고
세종실록 지리지(1454년)의
백제 부흥전쟁의 전략적 요충지답게
'성곽에 대해' 자세히 설명하고
치소*를 알리는 팻말도 있다.
울창한 숲으로 가려진 몽산성 아래
면천 읍성과 성상리 산성, 면천 향교
은행나무와 안샘은 면천의 얼굴 되어
역사와 전통을 계승하며
새로운 문화를 창조하니
혼자 쏟은 땀이 있었기에
자연 속에 동화되어
천천히 살펴보고 또 보니
노년의 즐거운 하루를
행복하게 하더라.

* 치소 : 백제시대 군량과 무기를 보관하던 창고.

백암산, 1,004m, 2017. 7. 9.

백암산(白巖山)

경북 울진의 진산 백암산
백암온천을 기, 종점 하여
23,000보 5시간 코스다.
장마 틈 푸른 하늘은
폭염 경고 문자를 올리고
높은 습도는 땀 공장이 되었네.
거리엔 백일홍이 일품 가로수이고
산엔 황토밭 이룬 금강송 특품이며
산허리를 돌고 돌은 능선길은
첩첩산중의 여유로 남아
강한 매미 소리에 귀가 선다.
넓은 헬기장 주변 흰 돌이
하늘에서 내려와 반짝이며
일찍 찾은 고추잠자리 한가롭더라.
새터바위에 서식하는 새소리
깊은 계곡에 백암폭포를 빛내고
원시의 신비로움으로 장식하며
기억을 살리는 메아리로 남았다.
가끔 허둥대던 발걸음과
쏟은 땀방울의 가치를
가족과 친구에게 카톡 하며
노익장을 유감없이 과시하니
즐겁지 않을 수가 없더라.

봉래산, 410m, 2011. 6. 18.

봉래산(蓬萊山)

고흥군 봉래면 외나로도 뒷산
우주발사체 기지로 유명하다.
분재 같은 소사나무 군락지 지나
전망 바위에 서면
탁 트인 시야엔 예내리 저수지와
편백나무, 삼나무 숲 장관이고
바다에 그림을 펼쳐 놓은 고흥반도는
표현의 한계를 넘더라.
봉래산의 비경에 도취되어
승천하지 못한 용이 소나무로 변신하였고
우주 센터가 들어서자
소명을 다한 용이 태풍 매미를 만나
하늘로 승천하여 태어난 용송(龍松)의 잔해는
멀고도 가까운 전설이 되었고
자생하는 생달나무와 줄사철나무는
따뜻한 남쪽 지방을 알리며
자금우의 빨간 열매
몸으로 산행의 즐거움을 말하더라.
울고 웃으며 행복과 사랑을 하는
인생의 의미를 더하며
하모와 어울린 하산주에 취했다.

비로봉, 1,439m, 2010. 6. 11.

비로봉(琵盧峰)

백두대간 길 소백산 국립공원
혼자서는 꿈만 꿀 비로봉을
당진 신협산악회 일원으로 찾았다.
산행의 준비가 부족하여
어렵게 참으며 좋은 꿈을 꾸는데
아름답고 화려한 모습을
과감히 내려놓은 철쭉
꾸밈없는 웃음으로 바람 앞에 서서
삽상한 내 마음과 동행하고
고래등 같은 능선 길
고도감을 잠재우며
푸른 천상의 세계로 초대하는
정상 표지석 비로봉 앞에서
자연이 그려준 그림에
나는 그저 멍~ 하다.
많은 이정표 보며 욕심나지만
허락하지 않는 것이 많아
더욱 아쉽고 서운하나
모든 것은 그대로 놓고 떠나며
좋은 것은 더 좋은 것을 부르고
백 년 살기 어려워도
천년의 걱정을 하는 것이
바로 인간임을 알리더라.

빈계산, 414m, 2017. 6. 3.

빈계산(牝鷄山)

6월 첫 주말에 찾은 곳은
계룡산 자락 도덕봉과 금수봉 사이
깊은 산세와 아름다운 계곡을 품고 있으며
산의 모습이 암[牝]닭[鷄]같아 붙여져서
우거진 숲속에 닭벼슬 처럼 솟은
빈계산이다.
잣나무 숲에서 잠시 숨을 고르노라면
계룡산의 머리봉 천황봉 삼불봉까지
거침없이 전개되고
고마운 바람 상쾌까지 하였다
도시 근교의 둘레길을 누비는
시민들의 가벼운 발걸음엔 꿈이 넘치더라.
넓게 흩어져 간식을 즐기는 가운데
작은 바위들 사이 앉고 보니
희미한 글씨 빈계산이어서
정상석에 앉은 무례한 행동에
부끄러워 자리를 피하며 중얼거렸고
함께하는 이와 같이
노년을 즐기러 떠났다.

삼준산, 490m, 2016. 6. 18.

삼준산(三峻山)

내포 지방을 휘두를 것 같은
삼준산 압휘봉

작은 것도 나눌 때 행복이 느껴지듯
고도감을 느끼기엔 부족하지만
의심은 장애물을
믿음은 길을 열어 주듯이
산에 길이 있음에 만족을 느꼈다.

가본 사람은 또 가려 해도
안 가본 사람은 무엇 하러 가느냐 하지만
산꾼이기에
안 가본 산이기에
하늘과 땅 사이를 거침없이
왕래하는 바람의 안내를 받았다.

펼쳐지는 절경에 몸을 맡기고
구름 위에 올라 해를 맞듯이
호령하듯 앉아 마음대로 생각하며
오늘 하루 이만하면 족하다고
조용한 외침으로 접는다.

솔 향기 길, 2016. 7. 18.

솔 향기 길

태안 기름 유출 사고의 현장에
봉사 활동하던 독지가의
아름다운 개척의 손. 발과 머리로
꾸지나무골 해수욕장에서 만대항까지
나지막한 산과 숲
넓은 바다와 많은 이야기를
자연스럽게 어우른 둘레길.
바다를 누워서 바라보는 해와송(海臥松)
용이 승천했다는 용난굴
여섬에 얽힌 사연이
이 길의 백미라면
재래 방식을 유지하는
송화(松花) 천일염은
국민 건강을 지키는
솔 향기더라.
하얀 파도가 춤추며 불러도
시원한 바람이 가슴을 열라 해도
발전이란 명분으로 훼손되지 않고
자연 만큼 아름다운 예술품은 없으니
자존심으로 사수 되길 빌었다.

수정봉, 452.9m, 2017. 8. 3.

수정봉(水晶峰)

가만히 있어도 땀이 줄줄
관청에선 연일 폭염 경보
우리를 미친놈이라 하여도
일신회원은 즐거운 마음으로
첩첩산중 사잇길을 걸었다.
흐르는 땀을 닦으며
웃음으로 대화하였고
시원한 바람에 상쾌함을 느꼈다.
숲 사이로 보이는 봉우리를 보고
저기는 옥양봉 저기는 원효봉하며
전에 등정하며 있었던 이야기로
힘든 발걸음을 달래도 보았다.
쏜살같이 돌아다니는 개미 떼를 보고
수정봉이란 이름 하나 없는 봉우리가
눈앞에 있음에 용기를 내었으며
고압 철탑이 높이 솟았고
분봉하는 벌떼 같은 개미 떼가 점령한
수정봉에 서서 쉬~!
불볕은 사정없이 쏟아지고
개미의 공격은 쉼 없이 계속되어
정상의 통쾌함도 잊었는데
계곡에서 흐르는 물이
내 마음을 아우르고 가더라.

오갑산, 609m, 2014. 6. 18.

오갑산(梧甲山)

충북 음성과 경기 여주의 경계
녹음이 짙게 물든 오갑산을
넓은 복숭아밭
새끼 고라니 환영받으며 걷는
마사토 오름 길 험하다.
음성군수 여주 군수의 표지석은
서로 주인이라 하고
국수봉의 춘양목은
몸통 하나에 새끼줄 틀어 눈길 끌며
또 다른 정상의 이진봉은
임진왜란의 격전지를 말하고
삼형제 바위의 전설은
지금도 생생히 전하더라.
산에 있어야 산이 보이고
그리움도 담고 보고 싶음도 담아
마음 길 같은 산길의 정을 보았다,
산명(山名)에 붙은 갑(甲)과 악(岳)은
하산길에 명성을 더하여
평지에서도 오금을 저리게 한다.
산길은 추억 길을 만들고
하늘의 소리는 메아리로 남는다.

장수산, 2017. 8. 5.

장수산(長壽山)

사방에 문 열어놓고
당진시민 남녀노소를 부르니
누구든 쉽게 찾아 편안히 즐기는 산
건강하게 장수하고 싶은 꿈을 담아
이름 지어놓고 자아실현 한다.
주변에 별의별 것 다 늘어놓고
야트막한 곳에 숨어 있으며
노력했던 것 모아 꿈을 꾸고
행복했던 것 모아 사랑하고 싶어 한다.
실패할 수는 있어도
포기는 없다는 꾸밈없는 웃음이
그대 웃음인 것 같아 괜히 좋고
지금 하고 있는 일에 열중하니
바람 앞에 재롱 대며 나폴거리는 꽃잎이
환한 얼굴로 반긴다.
인자요산(仁者樂山)하며
보고 싶은 사람 보고
서로 안부하며
반가운 인사 나누게 하는
친구 같은 산 장수산에
야호대*의 힘찬 메아리가
바램으로 환청 되더라.

*야호대 : 1976년 당진의 선각자들이 계명회를 조직하고 지금의 계림공원에 '뜻글'을 넣어 건립함.

중원산, 800m, 2014. 8. 20.

중원산(中原山)

경기도 양평군의 중원산
능선 좌측엔 용계계곡 우측엔 중원계곡
기암과 울창한 숲
소리 내는 맑은 물까지
백운산. 백운봉. 도일봉과 어울려
웅장한 절경을 이룬
경기도 최고의 금강산인데
오늘은 운무에 감싸여
가끔 ~ 조금씩 맛만 보이며
간장을 녹인다.
올라갈 때는 정상만 생각하여 단순하더니
내려올 때는 너덜길이 진저리나도
별의별 생각을 주네.
바람이 되어 함께 숨을 쉬고
비가 되어 어깨를 적셔 주고도 싶으며
흔들려도 그 자리로 돌아오는 그네가 되어
항상 그 자리를 지키는 산처럼
온 길은 되돌아보고
보이지 않으면 참을 수밖에 없으니
받아들일 때만 변하고
느껴지면 새로움을 창조할 수 있음을 전하네.
산아 고맙다
내 가슴을 열어 주어서…!

천등산, 555m, 2011. 6. 18.

천등산(天登山)

천 개의 등불을 밝혔다 하여 천등산
하늘에 봉우리가 닿았다 하여 천봉산이란 이름은
전해지는 말이 그렇다는 것이고
천등산(天登山)은 고흥군 풍양면에 있다.
천연기념물 제239호의
금탑사 비자나무 숲 유명하고
목조 계단 길에서 조망되는 철쭉공원
대단한 꽃을 놓고 편하게 있더라.
뱀처럼 생겼다는 계곡(사동계곡)으로
시작하여 정상을 보고 원위치하였다.
벼락산(431m)과 월각산(429m) 중심에 솟아
고흥반도 최남단 풍남항을 굽어보며
다도해를 호령하듯 서서
바다로 길을 연 산.
암릉이 세밀하게 흩어지고 갈려서
야릇한 흥분을 야기하고
암봉은 무성한 넝쿨 위에 솟았고
초록으로 뒤덮인 능선에서
시원한 바람은 쉬어 간다.
여름의 더위와 일상의 시름을
싸~악 씻었다.

팔봉산, 361.5m, 2011. 8. 18.

팔봉산(八峰山) 2

먼 길을 하루에 마치려고
동이 트기 전 집을 나서서
팔봉산 유원지 주차장을 출발하여
제1봉부터 제8봉 까지 완주하는 코스.
요란한 소리 지르며 요동치는 홍천강
음기를 다스리는 귀두석 심상찮고
삼부인당 유래를 중얼거렸다.
기암과 괴석의 비경
산과 강이 조화를 이룬 산수화에
네발로 기고 로프에 매달리며
마음에서 우러나는 찬사를 보냈다.
수직 사다리를 오르며 좌우를 살필 수 없고
각 봉우리 주변은 위험천만이고
봉우리에서 보이는 다음 봉우리는
신비한 바위 조각 작품이며
등잔 밑이 어둡듯이
지나온 봉우리는 더 멋지더라.
구불구불 여유롭게 흐르는 강물
세월 이겨낸 분재 같은 소나무까지
이곳이 왜
국민 관광지인지를 말해주네.

시악시야! 그대 어깨 위에
내 마음을 축여 주는
입맞춤을 가져간다 하더라도
그대 가벼운 몸짓을 지우지 마라.

— 윤곤강 「낙엽」 중에서

소년 하나, 먼 논두렁길을 달려간다.
강아지도 한 마리 뒤를 따른다.
소년은 넘쳐나는 황금바다 물결치는 빛 속을
헤치며 달려간다.
들리지 않는 메아리처럼
소년은 멀리 사라져 간다.
노오란 감처럼
잘 익은 오후.

— 김윤성 「가을」 중에서

제3부

가을
(9 · 10 · 11월)

– 오대산 단풍 –

거문도, 2016. 11. 12.

거문도(巨文島)

여수시 삼도면에는
걸출한 문장가의 고향 거문도(巨文島)가
거문대교로 하나(동도+서도)가 되어
물속을 서서 누비는 은갈치
삼호팔경(三湖八景)*으로 말한다.
수월산 동백터널 숲
위용과 화려함의 절정이고
자연이 비켜준 자리의 관백정(觀白亭)
다도해 해상 국립공원을 품었으며
어부들이 흥겹게 부르던 거문도 뱃노래*
슬비야라는 노동요는 이곳에 풍요를
검푸른 바다 위 영국군 묘지
조선 말기 어지러운 역사를 말하며
남해안 최초의 거문도 등대*는
등대지기라는 표지석이 지키는 사이
동양 최대 거리(48km)를 비추더라.
눈부신 하늘 아래
한없는 평화와 고요함은
글로 그림으로 신선 바위를 만들어서
꽃을 버려야 열매를 맺고
강을 버려야 바다를 만나는
평범한 진리를 말하더라.

* 거문도 뱃노래 : 400년 전부터 구전되는 노동요로 전남 무형문화재 1호.
* 거문도 등대 : 1905년 준공. 우리나라 두 번째 남해안 최초로 보존 가치가 높음.
* 삼호팔경 : 규정추월, 죽림야우, 녹문노조, 용만낙조, 백도귀범, 이곡명사, 홍국어사, 석름귀운.

계명산, 774m, 2011. 9. 9.

계명산(鷄鳴山)

이번에는 충주 계명산이다.
백제 시대 산에 지네가 많아
상극인 닭으로 퇴치하며
산에서 닭 우는 소리가 나서 붙여진 이름
웅장한 대몽 항쟁 전승 기념탑 위 1253은
고종 40년 1253년을 의미한다.
산세가 험하고 계단도 많아
밧줄에 의지하며 힘도 많이 들었고
깔딱고개는 이름값을 톡톡히 하더라.
소나무 숲 아래 두 개의 정상석
하나는 한글 가로로 774m이고
또 하나는 한자 세로로 775m이니
저절로 고개를 갸우뚱하게 한다.
멀리 월악산 영봉이 가물거리고
발아래 충주호의 유람선 한가로우며
계명산 자연 휴양림은
산세와 호수의 조화로
쉬어가고 싶은 충동을 일으켜도
구성원의 하나는 분위기에 휩쓸려
아침에 나온 곳으로 발길을 향했다.

고불산, 310m, 2017. 11. 18.

고불산(古佛山)

공주시 우성면의 고불산
국내 최대를 자랑하는 천동 좌불상(18m)
10대 제자들로 반원을 만들고
천불상은 금빛 찬란히 도열하여
성불사의 얼굴로 자리 잡았고
하얀 미륵불은 와불과 마주하여
묵언으로 인내하였으며
40여만 불상과 셀 수 없이 많은 풍경
소원을 들어주는 소원 돌까지
국태민안과 중생계도의 큰 뜻을 품은
성불사(聖佛寺)를 양팔로 감싸고 있다.
홍길동 마을, 홍길동 산성은
홍길동의 전설을 이야기하고
좌표의 중심인 삼각점은
나뭇가지와 낙엽에 가리었고
무성산(614m)과 연결된 갈마봉은
퇴색된 리본에 가린 채 고불산 정상임을
철판 조각으로 알리더라.
낙엽이 쌓여 미끄럼을 주는 것도 부족해
이정표 하나 쉼터 하나 없이 관리 되니
찾아오는 이 없이
깊어가는 가을을 쓸쓸히 하여
고요함을 넘어 적막감을 주더라.

광교산, 582m, 2011. 11. 18.

광교산(光敎山)

수원시 진산으로
접근성이 좋은 시민의 휴식처
높이에 비해 면적이 넓다.
왕건이 산에서 광채가 솟구치는 모습이
부처님의 가르침을 주는 산이라
붙여진 이름의 광교산은
행궁이 자리 잡아 유명하게 되다.
노루목 대피소의 활엽수는
겨울 준비하느라 앙상하고
형제봉(448m) 정상석은
소나무 그늘에 묻혀서 쉬어가라 한다.
병자호란 때 청나라군을 물리친
김준룡 장군의 전승비에 묵념하고
가는 길은 가파른 오름길
그 위의
광교산이란 정상석은
큼직한 돌에 무게감으로
여기가 시루봉이라 하고
백운산 바라산과 어울려
단 하나도 같은 산이 없음을 알리니
지그시 눈 감고 내민 말
최고야!로 가슴 뿌듯함을 말하다.

광덕산, 699.3m, 2016. 11. 18.

광덕산(廣德山)

천안, 아산의 광덕산(699.3m)을
맹사성의 숨결이 숨 쉬는 민속 마을
솔직함으로 감동 주는 강당계곡을 지나
능선길(3km)의 마늘봉, 부용묘에서
거친 숨을 골랐고
장군바위의 유래는
군자가 품은 큰 덕을
유감없이 넓게 펼치란다.
날이 가고 달이 가고 년도 가는
세월 앞의 인생길에
오늘 걷지 않으면
내일은 뛰어도 안 된다니
녹슬어 못 걷기보다
달아 못 걷는 것을 찾는다.
하늘과 마주 선 정상에서
두 팔 벌려 인사하며
혼자 보는 것보다
여럿이 보아야 더 아름다워짐도 알았다.
끝없이 쌓인 낙엽
오금을 저리게 하여도
안전 산행하려는 집념은 못 넘었고
지팡이를 접으며
즐거웠던 시간을 되새겼다.

구봉산, 264m, 2017. 10. 18.

구봉산(九峰山)

"도낏자루 썩는 줄 모른다"는
전설을 가진 대전 서구의 구봉산
아홉 개의 봉우리가 한 줄로 이어져
계룡산으로 들어가는 '군신입조형' 이다.
관풍정에서 한숨 돌리니
깎아지른 벼랑과 노송의 어울림은
구봉산의 멋으로 탄생하고
구봉을 잇는 능선길
방심을 경계하기 충분하다.
현판도 없는 구봉정은
멀리 계룡산, 대둔산까지 부른다.
왔다 갔다 시작하여
훈련장의 총소리에 긴장하더니
봉곡동 마을 회관은 끝내 못 찾고
갑천 누리길 노루벌엔
반딧불이 한 살이 나타나니
경찰차 출현으로 상보 유원지의
상봉을 크게 돕더라.
매사 철저한 준비를 요구하고
동행인의 합심은 필수라 하네.

눌의산, 743m, 2014. 9. 18.

눌의산(訥誼山)

영동과 김천의 경계
백두대간을 잇는 눌의산
땅콩 수확하는 주민의 넉넉한 인심 받고
즐겁게 시작한 길.
바위가 거의 없는 육산
기울이면 담을 것 같은 지천의 도토리
밟지 말라 아우성이고
장원급제 길 쾌방령을
넘는 이 없으며
천에 새긴 글씨를 나무에 묶어
장군 없는 장군봉을 알리네.
밀고 끄는 보이지 않는 힘이
넓게 편 파란 하늘과
환한 웃음으로 대하는 정상을 만나
크고 작은 산속에 묻혀 보호받으며
대간 길임을 인정한다.
환자를 만난 의사와
불을 본 소방수처럼
몸과 마음이 건강하려면
대간이 아니어도 좋으니
산으로 가라 하네.

미륵산, 461m, 2013. 11. 24.

미륵산(彌勒山)

통영의 수호신 미륵산
산에 절을 짓는 불교 전통에 따라
많은 미륵산 중에 으뜸
통제영 봉수대 터(경남 기념물 제210호)가 있고
미래의 부처인 미륵불을 모실
용화사의 스님은 국방의 임무도 겸하며
통일 신라 때는 제사도 지냈던 명당.
일출이 화려하고 아름답다는 명성과
반짝반짝 빛나는 섬들의 고향
한려수도 중심부가 한눈에 박힌다.
청정구역의 보물(굴)은 전국 최고로
미식가의 입맛을 돋우고
케이블카를 외면한 산꾼은
화-악 트인 전망에 그냥 녹는다.
눈물이 있었기에 웃음이 값지고
슬픔이 있었기에 행복의 의미가 더해지듯
나이가 들수록 익어가는 인생처럼
가고 새로 돋는 역사 속에
통영은 멋진 미래를 선택하리라.

백암산 상왕봉, 741m, 2017. 11. 4.

백암산 상왕봉(白巖山 上王峰)

백두대간 호남정맥의 능선으로
북부 내장산과 마주 선 남부 백암산
여환도사의 혼이 살아 있는
호남 불교의 요람 백양사를 안았다.
조선 8경 국립공원을 자랑하며
장성호(長城湖)를 비친 은빛 물결을 보내니
학바위 아래 쌍계루엔
아기 손 단풍 아주 곱게 물들었네.
국가지정 천연기념물(153호) 비자나무 숲
수령 700년의 갈참나무
각진국사 지팡이 꽂은 자리에서
소담스레 자란 이팝나무
어느 것 하나 지나칠 수 없더라.
낙석 주의 또 낙석 주의를 뚫고 올라
약사암 영천굴 물맛 일품이고
흰색의 하나로 된 학바위 틈새
장송(長松)의 푸른 위용에 취하네.
능선 아래 펼쳐진 자연 그림
기린봉을 지나치게 하였고
드디어 마주 선 정상(상왕봉)은
낯선 이에게 얼굴을 어렵게 내밀며
상왕이 된 기분을 만끽하라 하고
360도 돌며 양팔을 벌려본다.
들뜬 기분을 잠시하고 나타나는
어지러운 행락질서에
포은 정몽주의 시를 변질시킬까 염려하였다.

봉수산, 536m, 2017. 9. 3.

봉수산(鳳首山) 2

아산시 송악면의 봉수산
유곡리 봉수사를 출발하여
약수암 입구로 하산하는 코스.
북쪽 봉곡사 방향의 왼쪽 날개
남쪽 천방산(479m)이 오른쪽 날개
대술면 상왕리 갈막고개가 허리이며
봉수산 정상이 봉황의 머리가 되었다.
좌우로 광덕산과 설화산이 보호하고
1,300년 역사의 왕실 온천을 지키며
아산 맑은 쌀의 환경이 되었다.
봉수봉 갈림길부터
굴참나무 숲길의 긴-능선은
걷기 좋은 육산이고
봉황의 왼쪽 날개에 해당하니
토성 위에 선 기분이며
늦게 남은 모기의 기승이 성가시다.
높이 올라간 파란 하늘에
드문드문 핀 하얀 구름이
오늘의 즐거움을 나누자 하는데
매미의 합창으로 분위를 맞춘다.
봉황의 머리 위에 서서
사방을 가슴에 품고 호령도 하였고
시(市) 보호수 다박솔(수령 450년)의 환영받으며
계절 없이 피는 웃음꽃으로
하산을 마무리한다.

산막이옛길, 2016. 10. 21.

산막이옛길

충북 괴산군의 산을 막아
괴산호를 만들었고
물길 따라 절벽에 붙인 산책로(3km)

촬영 명소가 된 산신령 바위
금방이라도 날 것 같은 매 바위
특이한 석질의 괴산 바위
창조주의 기발한 아이디어가 있고

효험 많은 앉은뱅이 약수
얼음 바람 골, 가재 연못
옷 벗은 미녀 참나무, 다래 숲 동굴
연리지와 정사목하며
소나무 동산의 출렁다리까지
이곳이 자연 생태의 보고임을!

넉넉한 호수는 여유로움으로
백두대간 위에 유람선을 띄워서
사계절을 아름답게 하였고

병풍바위 위 병풍루
꾀꼬리 전망대, 고인돌 쉼터는
돌에 나무에 사진과 함께 새겨진
구구절절한 시어들은
산막이옛길의 감동을 말하니
한숨 돌리며 쉬게 하더라.

산막이 마을의 당산나무에 핀
노란 리본은 어깨 비비며 매달려서
소원 있으면 다시 오란다.

상왕봉, 1,491m, 2017. 10. 8.

상왕봉(上王峰)

오대산 비로봉에서 능선길 따르면
살아 천 년 죽어 천년을 자랑하는
주목 군락지 보호구역이 되었고
갈참나무 거목은 껍데기만 남아
그냥 고목은 아니라 하며
가을 하늘에 유난히 빛나는
하얀 자작나무 비켜서면
울긋불긋 계절의 왕이 되어
어려움을 극복한 네가 왕이라 한다.
동피골, 신선골 계곡에서
거침없이 내리는 물소리
하늘이 내린 단풍과
가끔 맛는 더덕의 향기까지
한 몸이 되었고
두로봉, 노인봉, 발왕산을 바라보는
아름답고 시원한 경관
이 순간이 절정임을 말한다.
바람이 불어도 꺼지지 않은
빛과 같은 인연으로
산길 같은 우정을 꽃 피우며
좋은 것을 보는 눈은
풀잎 위에 내린 이슬이 묻어나는
가을을 묻고 왔다.

선운산, 334.7m, 2011. 11. 4.

선운산(禪雲山)

검단선사가 선운사를 창건하며 불린 이름
선운은 신선이 구름 속에서 참선한다는 말이다.
도솔계곡은 명승 제54호이고
동백나무숲은 천연기념물 제184호이며
도솔암 장사송은 천연기념물 제354호가 말하듯
비경에 사연이 많아 더 유명하다.
도솔암 위 하늘을 나는 듯이
우뚝 솟아오른 천마봉과 만월대에서
바라보는 도솔천의 비경은 명승지를 만들고
봄에는 붉디붉은 동백꽃의 향연 절정이고
가을엔 여인의 사연을 지닌
상사화가 붉게 타오르고
계곡물에 비친 단풍이 일품이다.
도솔암 위 암벽의 마애여래좌상
새침하고 통명스러워 한 번 더 본다.
진흥왕이 왕위를 버리고 왕비 도솔과
수도했다는 진흥굴 지나
영화 곡성의 장면이 눈에 선한
낙조대와 천마봉의 기암 절경에
저절로 엄지척하며
신선이 된 기분으로
구름 속에서 나왔다.

아미산, 638.5m, 2017. 9. 18.

아미산(峨嵋山) 2

당진의 명산 아미산과
동명(同名)의 보령시 아미산을
중대암 주차장을 출발하여
도화담교로 하산하는 코스.
물 먹은 너덜길 조심하고
숨 고르며 올라 스님들 무덤
양지바르고 조용하며,
가끔 빛바랜 리본 따라
잡초를 헤치면 보령호가 들어와
시원한 하늘과 대칭을 이루고
소원 비는 오석 돌탑
속 타는 줄 모르며
옥마산, 만수산, 성주산은
돌아서는 여름의 뒷모습에도
가을을 껴안으려는 창공
깨끗한 솜사탕 같은 구름과
하나가 되었네.
피어날 때 향기를 토하는 꽃 같고
호수 되어 소리를 죽인 물처럼
침묵하고 있어도 편안하다.
좋은 말을 하는 예쁜 입
좋은 행동을 하는 예쁜 마음은
미련이 남더라도 보내는 것을 미덕으로
오금 저리며 깊은 인연을 맺는다.

영인산, 363m, 2016. 11. 3.

영인산(靈仁山)

민족의 시련을 극복한 증인
영인산성을 품고 있는 영인산
바람에 휩싸이는 낙엽을
사알짝 밟으니 바스락하고
곱게 물든 단풍과
은빛 물결로 말하는 억새
귀한 손님 마주하는 휴양림은
사이좋은 친구 같고
잠시 어린이가 되어
흔들리는 바위[動石]을 흔들었고
자연 습지에선 호기심도 발동하더라.
동행한 회원과 거친 호흡으로 발을 맞춰
956계단 너머 신선봉 정상에서
상투봉, 닫자봉, 깃대봉, 연화봉을 바라보노라니
어느새 360도 돌아
민족의 시련과 영광의 탑에 묵념하고
하산 길에 만난 용샘은
도도하고 줄기찬
역사의 흐름을 보이고 있더라.
사색(四色)에 홀딱 반하고
사색(思索)에 저절로 잠긴다.
우리의 길은 신(信)의 길이요
인간의 길은 효(孝)의 길이요
민족의 길은 충(忠)의 길이 되길…!

오대산, 1,563m, 2017. 10. 8.

오대산(五臺山)

평창군 진부면과 홍천군 내면의 오대산
상원사를 기점으로 적멸보궁(寂滅寶宮) 지나
비로봉, 상왕봉 북대미륵암 입구에서
원점 회귀하는 코스로 완주하다.
백두대간 굴지의 명산은
월정사, 상원사를 비롯한 오대(五臺) 암자와
문화재와 고적을 품은 불교 성지다.
오대(五臺) 연봉이 연꽃처럼 피어오르고
화심(花心) 명당에는 부처님 진신사리를 모신
적멸보궁의 염불 소리 생생하다.
길게 늘어선 연등 따라
검은 인조석의 계단을 오르는 주변에는
계절의 꽃 단풍이
붉은빛은 더욱 붉게
노란빛은 선명하게 피어
절정의 장관이 연출되니
어려움 떼버리고 정상으로 이끈다.
인증샷 하는 행렬 멋지고
막힘없는 조망은
산 너머 산과 산 사이
나를 세우고 또 산을 그린다.
인생의 가을에 서서
아름다움만 가슴에 품고
다음에게 양보하며 발걸음을 옮겼다.

오서산, 791m, 2014. 10. 3.

오서산(烏棲山)

까마귀도 쉬어 넘는다는
충남 홍성의 오서산
충절의 고장에는 믿음이요
서해안 시대 미래의 약속이니
장난기 넘치는 억새풀도
새 옷 입고
새로운 동작으로
아무에게나 주지 않고
고마워할 사람에게 은밀히 베풀 듯이
함께 걷는 말동무의 길동무가 되었고
나이가 들면서 맛을 아는 어른이 되듯
서해 낙조의 장관이 배어
미동마다 아름다움이 풍겨서
우리 나이에 이런 환경을 접하고
같이 느낄 수 있음에 감사하다.
삭풍에 부딪힌 하얀 눈이
정신없이 사방으로 퍼져
낭만까지 내려놓듯이
서로서로 도움 주며 살아요…!

용봉산, 381m, 2016. 9. 23.

용봉산(龍鳳山)

9월의 끝자락
파아란 하늘의 부름을 받고
코스모스가 환영 나온 길을 따라서
오늘은 용봉산(381m)을 만난다.
몇 번을 오른 산이지만
잠시 떠나 있던 분들과의 만남으로
유난히 아름답게 보이며
초가을을 빛나게 하였다.
충남의 수도를 품고 있고
내포 문화의 중심을 잡는
작은 금강산이라고도 하는 명산
최영 장군의 활터에선
가슴을 넓게 펴 보며
새롭게 자리 잡은 내포시의 발전을
일행과 함께 기도했다.
용(龍)과 봉(鳳)의 어울림이
인자요산(仁者樂山)하는 계기가 되고
온 국민이 지켜주면
오랜 기억 속에 남아
즐기며 사랑하는 산으로 거듭나
이곳을 찾는 이에게
무한한 행복을 선물하겠지.

운대산, 1,308m, 2011. 11. 9.

운대산(雲臺山)

중국 국경절(10.1~10.7)이 끝난 다음 날
신정주 국제공항은 황사가 아닌
옥수숫대 태우는 연기로 자욱하다.
석탄 통로로 개발을 시작하여
20년 지난 1985년에 관광을 허가했고
유네스코 지정 세계지질공원으로
입장권 구입 후 지장 찍고 출발하여
전 노선을 일방통행 한다.
장자방의 이름을 딴
자방호수와 폭포 설명할 말이 없고
붉은 돌로 이룬 협곡[紅石峽]의 돌은
숙련공이 다듬어도 불가능한
홍석(紅石) 박물관 되어 발길을 잡는데
운대산(雲臺山)의 이름처럼 사방을 메운 뿌연 연기
원경 조망을 막는 방해꾼이다
탄폭협의 14개 동굴을 통과하니
산수유가 많아 붙인 이름의 주유봉에는
잡상인의 천국이고
하얀 옷 입은 왕유의 동상 앞에선
갑자기 의미 있는 시인이 되는데
한국의 빨리 빨리와 중국의 만만디를
조화할 수만 있다면 얼마나 좋을까?
생각은 자유이고 세금도 없어
그냥 중얼거렸다.

원효봉, 605m, 2016. 10. 18.

원효봉(元曉峰)

산의 날*에 찾은 산
명품 사과의 고향 예산
지구유(地球乳)*를 문화재로 품은 덕산
충절의 고장을 상징하는 충의사
보부상의 발자취가 숨 쉬는
예산군 덕산면의 가야산 원효봉이다.
눈부신 하늘 아래
하늘대는 코스모스 길에
각양각색의 국화와 어우러져
한없는 평화와 고요함이 배었고
단풍의 속삭임 속에
커다란 비단 천을 펼쳐 놓았더라.
고향하면 떠오르는 산은
인간의 건강을 약속하며
지속적인 중요성을 고취하였고
주고받는 대화 속엔
아름답게 영글어 가는
아름다운 삶이 있더라.
하나씩 한 걸음을 내디뎠고
한 사람씩 차례로 머물러
기다렸다는 듯이 손을 내미는
가야산 원효봉(605m)을 만났다.
막힌 것 없이 환히 보이는
가야봉 석문봉 옥양봉의 미소를
몸으로 받으며 내려왔다.

* 산의 날 : UN이 10월 18일을 국제 산의 날로 정함(2002. 12. 11).
* 지구유(地球乳) : 충남무형문화재 180호로 "따뜻한 물이 어머니 젖과 같다"하여 붙여짐.

천관산, 723m, 2017. 9. 10.

천관산(天冠山)

정남진 전남 장흥의 천관산
화신으로 남은 곰솔 효자송
문이 없어 쉽게 통과한 문바위
손자가 할아비 되어도 여전한 할미바위
등잔바위 등을 올라
금수굴을 마주하고 선 양근암의 조화
사모봉(沙帽峰) 근처의 정원 같은 바위(정원석)
기암과 괴석이 무리[群]를 형성하며
자연이 그린 그림이 되어
시선도 멈추고 발길도 멈추게 한다.
초심의 용기를 불태우며
용을 쓰고 기를 썼고
땀이 없는 즐거움 무미하다.
연변봉수(沿邊峰燧) 하던 연화대(烟火臺, 천관산 정상)
거칠 것 없는 곳에 우뚝 솟아
낯선 나를 맞으며 빽허그 한다.
바뀌는 계절은 흰 구름이 안내하고
지금을 즐기는 억새는 춤을 추며
멀리 달아난 파란 하늘을 부른다.
좋은 것은 더 좋은 것을 부르니
평생 만든 주름살을 펴고
새로운 곳으로 향하는
발걸음 가볍다 가벼워!…

천주봉, 2017. 9. 10.

천주봉(天主峰)

천관산의 기암괴석 중
한눈에 들어와서
이름을 알면
오래 기억되는 천주봉.
천주(天柱)를 깎아 기둥을 만들고
구름 속으로 꽂아 세운 모습
불가에선 보찰(寶刹)이라 하고
산동인(山東人)은 김관봉(金冠峰)이라 한다.
명적암 아래 금강굴
아주 큰 대청 방만하고
진죽봉 아래 석선(石船)
큰 돌이 배 같고
뱃전 밖의 돌은
다섯 손가락이 되었네.
이름 붙은 바위를 허리에 차고
돌길 거듭하니
도화교(挑花橋)로 내리는 계곡물 소리
더위를 몰아내고 땀을 식힌다.
자생 군락 하는 동백 숲과
곱게 핀 백일홍 꽃이
꾸밈없는 웃음처럼 보이니
괜히 좋고 또 좋다.

투석봉, 2017. 11. 3.

투석봉(投石峰)

충남도청 내포 신도시를 품은
용봉산(381m)의 투석봉엔
던질만한 돌과 바위로
멋진 풍경을 이루었고
건넛산 월산에 돌을 던졌다는
유래를 오롯이 전한다.
전날 조금 내린 가을비에
물기 밴 바위 미끄러워 조심하며
레드 카펫을 지나는 기분으로
노랗고 빨간 단풍 밟았고
주위를 살피며 수줍어하는 단풍에
네가 있어 즐겁고 어려움을 참으니
함께 같이 있자고 미소 던졌다.
자주 다닌 산인데도 원경이 없어
엷은 안개를 원망해도
새로운 모습으로 재롱 떨며
좋은 날 좋은 분들과
또 찾아 달라고 안개비를 준다.
내 가슴을 명중시킨 돌이
내 마음에 남아 있으니
나는 내일 또
행복을 찾아 산으로 간다.

환희대, 2017. 9. 10.

환희대(歡喜臺)

연대봉(烟臺峰)에서 대장봉(大臟峰) 가는 갈림길
억새 사이 만든 내림길 능선
발을 맞추며 나누는 대화 한없이 즐겁다.
영화의 배경이 되어
기억 속에 남아있는 곳.
발길도 머물고 시선도 머물며
새로운 대화가 시작된다.
책 바위가 네모나게 깎아져
만 권의 책처럼 쌓아
'남아수독오거서(男兒須讀五車書)' 를 능가하는
성취감과 기쁨을 맛보게 하는
석대(石臺), 환희대(歡喜臺)다.
도립공원 천관산 신비의 영산(靈山)
호남 실학의 산실이 된 장천재(長川齋) 위에서
끝없이 펼쳐진 창공의 손을 잡고
지나가는 바람에게도 여유를 주니
계절과 무관 하는 웃음꽃처럼
인간에게 주는 희망의 선물이 되어라.

한 줄기 빛도 향기도 없이
호올로 차디찬 의상을 하고
흰 눈은 내려 내려서 쌓여
내 슬픈 그 위에 고이 서리다.

— 김광균 「설야(雪夜)」 중에서

겨울비가 가늘게 내리니
선운사 도솔암이 외로워
앞산 천마봉 안개 덧옷 입히고
쌓여가는 목탁 소리 계단 이루니
병풍바위 저만치 높아졌네.

— 최관수 「천마봉의 겨울」 중에서

제4부

겨울

(12 · 1 · 2월)

– 선자령 상고대 –

원효봉, 605m, 2017. 1. 3.

가야산(伽倻山)의 하루

2017년(癸酉年) 1월 3일
오덕(五德)*을 갖춘 닭의 새벽을 여는
울음소리를 환청 하며 찾은 산
덕산면 시량리 상왕산(象王山) 원효암(元曉庵) 입구를 출발하여
원점으로 귀환하는 코스를 택하다.
솔껄을 푹신푹신 깐 양탄자는
등산길을 추억 길로 만들고
걸으며 주고받는 대화 속에 맞는
의상암터(일명, 꽃쟁이 절터)의 의상바위 변함없고
양을 줄인 금술샘 물은 양지를 지키더라.
적당히 터 준 길섶의 연리지(連理枝)는
동행하는 이의 마음을 하나로 묶고
산와송(山臥松)은 몰아 쉬는 숨소리를 먹으며
푸르름을 자랑하며 자드락 길에
산정을 풍성히 나누어 주더라.
햇볕에 알몸 내놓은 가야산 원효봉(605m)
버선발로 마중하니 반가웠고
파란 하늘 아래 저마다의 봉우리는
훌륭한 오케스트라를 연주하는 듯하니
자연 속에 묻혀 좋은 것을 모르는 것 같더라
온 길을 되돌아보며
갈 길을 그려 보았고
커피를 마시기 위해서는

약간의 우아함도 필요하듯
멋을 아는 사람을 만드는 산은
겨울에 즐기는 호사로움을 주더라.
대추, 밤, 포에 떡까지 차린 제물로
산신을 맞으며 안전산행을 기원하고
십 년 넘은 인삼주로 음복하며 보내는
정상 놀음은 시간을 빨리 보내더라.
원효대사와 의상대사의
이야기가 되살아나
옛날 심은 일신목(日新木)*에 리본을 달고
크게 자라 회덕(懷德) 하고 시혜(施惠)하라 하다.
삼각점(표주의 십자선 중심)은 인디오처럼
찾는 모두를 친구처럼 하는 배웅 받으며
원효암 터 은술 샘에 이르니
잠결에 해골에 괸 물을 모르고
마셨다는 원효 이야기는
밤하늘에 불빛 맞고 내리는 눈처럼
범상(凡常)하지 않은 표상이고
동아줄처럼 꼰 참나무는
겨울을 보내려 앙상하여도
덕산 저수지 푸른 물은 여유롭고
명당자리를 지킨 잘 가꾼 산소는
후손들을 후손답게 빛내더라.

하산 길의 바스락거리는 미끄럼은
오만을 용서하지 않고
내 가슴을 활짝 열어 주었으니
산정(山情) 인정(人情)을 넉넉히 받고 느낀 산(山)아!
네가 있어 고마웠다
가슴으로 크게 외쳤다.

* 오덕(五德) : 닭의 특징을 잘 나타냄. 문(文)은 닭 머리에 벼슬을 이고 있음이고, 무(武)는 다리에 갈고리처럼 매서운 발톱을 달고 있음이고, 용(勇)은 싸움닭처럼 죽기를 각오하고 싸움을 말하고, 인(仁)은 모이가 있으면 혼자 먹지 않음이고, 신(信)은 어둠을 이기고 새벽을 알림을 말함.
* 일신목(日新木) : 일신산악회가 심은 느티나무.

그림산, 226m, 2017. 1. 8.

그림산

천사가 빚은 아름다운 신안
천도(千島) 천색(千色) 천길(千吉) 중에
그림 같다 하여 붙여진 그림산
바위솔 지천으로 퍼지고
망개나무의 단풍이 화려하나
일제 강점기의 참호와 성벽
바다에 만든 요새 위에서
다도해 해상 국립공원을
한눈에 보는 영광을 누린다.
소문 듣고 찾아온
등산객의 발자취로
바위에 뚫은 보조기구는 반질반질
한 장의 그림에 덧칠할수록
그림은 더 아름답게 변하니
나이를 먹은 이의
지금 맛보는 감정은
즐겁고 행복하여
그냥
좋다고 하며
언어의 한계를 또 느꼈다.

낙조대, 857m, 2017. 12. 10.

낙조대(落照臺)

논산에서 출발하여 완주로 가는
길목에서 만난 낙조대
변화무쌍한 겨울 산행이기에
매섭게 부는 칼~칼바람을
시~시원하다 받아치며
잔설의 미끄러움은 문제가 아니다.
수많은 소금강 중
가장 금강산 같다는데
그 모습은 조금도 시야에 없고
금북정맥 낙조대 857m란
글씨만 간신히 보인다.
바람과 험한 날씨에도 끄떡 않고
산이 함빡 웃고 있으니
조용히 눈을 감아보는 것은
등산의 호사가 아닌가.
사방 조망이 어려워
큰 아쉬움과 미련을 묻고
안산, 즐산으로
오늘 산행의 완주를 위해
힘차고 힘찬 걸음을 내딛는다.

다불산, 321m, 2017. 12. 1.

다불산(多佛山)

당진시 면천면 송학리 다불산은
아미 도령, 다불 도령과
몽산 처자의 전설이
나무고개에 배어있는 산이다.
영하 7도의 날씨에
구름 한 점 없는 하늘은
손대면 쨍하고 금이 갈 것 같다.
솔껄(솔잎)이 양탄자처럼 깔린 길가에
고라니 두 마리 후두둑 떠나고
육중한 초록 구름다리 밑으론
쉴 틈 없이 차량은 지나고
화력발전소 연기 같은 네 기둥 피니
꿈과 현실이 오락가락
재미있는 산행을 돕는다.
다불산 300m라는 이정표 앞에서
준비된 복장은 풀렸고
전해오는 이야기를 확인하는 발길
재미있어 가볍다.
다불산 앞으로 크고 작은 산들이
어깨동무하며 도열하여
자연화로 향연을 베푸니
사나이를 쥐고 흔든다.
많은[多] 부처님[佛]이 계셨기에 붙여진 이름에
경건함을 남겨놓고
갔던 길로 돌아왔다.

대덕산, 2017. 12.

대덕산(大德山)

당진시 대덕동의 대덕산
내포문화숲길
원효 깨달음 길 따르면
봉황이 쉬었다는 봉암산과
왕이 기우제를 올렸다는 왕제산을
포함해서 부르는 산이다.
표지석이나 정상석 하나 없이
당진 시민의 건강 큰 도우미고
편안히 걸으며 명상하기 좋으니
말보다 행동으로 즐기는 산이다.
장송(長松) 숲 봉암산 전망대
숲속 대화의 장을 만들고
자매의 슬픈 사연을 안은 형제바위
전설로 남아 교훈을 준다.
바라만 보아도 넉넉하고
오늘 왔어도 내일 또 보고파서
흰 눈이 내리는 날
더러운 것을 깨끗이 묻고
그 위에 새로운 희망이 싹 트길
대덕(大德)이란 이름으로
이 땅에
큰 덕을 베푸소서 하였다.!

대둔산, 878m, 2017. 12. 10.

대둔산(大芚山)

충남, 전북의 도립공원 대둔산
원효대사와 한용운의 절찬
임진왜란 때 조국을 지켰고
장군봉, 왕관봉, 칠성봉과
쌍칼바위, 동심바위 등 기암 봉들의
위세와 아름다움이 빼어나다는데
겨울 산행에 취하여
경관은 뒤로하고 멋스럼도 잊었다.
몰아치는 눈보라에 시야는 없고
한계를 극복해야 한다는 생각과
동행인의 안전을 서로 챙기며
찾은 정상 마천대의 개척탑
웅장한 몸으로 반가워하더라.
쉽게 하산하라는 케이블카, 구름다리
산꾼에게 사치하게 보였고
나무 태우는 구수한 냄새
입맛 돋구는 힘이 되고
원효사의 깔리는 불경 소리
지금에 만족하라 하네.
흐르는 바람 소리 음악이 되고
펄펄 날리는 눈은 그림이 되었으니
산행을 마치며 하는 회상
나만이 간직한 아름다움
누구에게 들킬까 걱정하며
감사함을 마음으로 외쳤다.

도비산, 351.5m, 2016. 12. 3.

도비산(島飛山)

대설을 며칠 앞두고
많은 전설이 남아서
찾는 이의 궁금증을 더하는
서산시 부석면의 도비산(351.5m).
조선 시대 군사요충지를 말하는
태종대왕 강무(講武)* 기념비 웅장하고
해넘이 전망대에 서서
천수만 바닷물에 되비치어
하늘에 오색 노을 연출하는 장관을 그렸다.
이끼 먹은 오색(烏石) 틈으로
어제 내린 된서리
아침 햇살에 윤이나
반짝이는 흰 차돌을 압도하고
두릅나무 군락지 아래
겨울을 준비하는 공작 단풍의 모습
노년이 아름다워야 함을 말하더라.
부석을 사랑하는 사람들이 세운
도비산 정상석의 손을 잡으니
손을 흔드는 무학대사의 간월암
미소 짓는 태안 백화산
풍년가에 취한 A, B 지구 간척지
넉넉한 서해 바다 까지
우리를 부러운 눈으로 반기더라.

* 강무(講武) : 임금이 참여하는 군사 훈련의 일종.

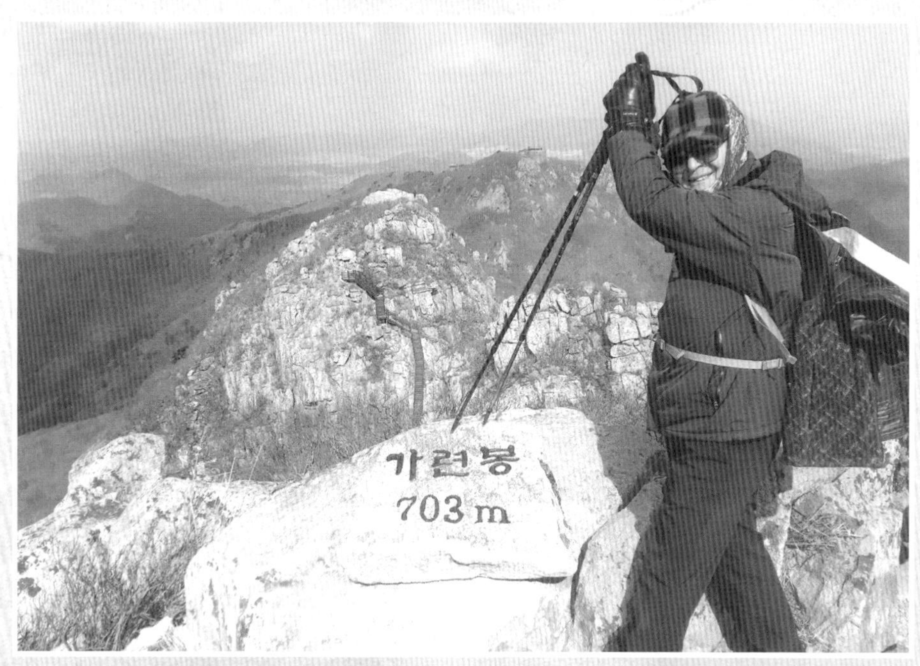

두륜산, 703m, 2018. 2. 11.

두륜산(頭崙山)

전남 해남의 두륜산 국립공원
물소리 길 동백나무 길 지나면
금괴대장(禁傀大將)과 수조대장(受詔大將)의 장승이 목(木).석(石)으로
좌우에 서서 한듬절(대흥사)을 지키고
고계봉과 노승봉 사이는
혜장선사가 다산 정약용과 교유(交遊)하던 오심재
다도(茶道)를 중흥시킨 초의 선사와
추사 김정희가 교류하던 일지암
한 사람이 밀면 흔들리고
천 사람이 굴리면 넘어가지 않는 흔들바위[動石]는
죽미기(竹迷記)에 매력을 전한다.
가련봉(최고봉)에 몰아치는 겨울바람
인간 한계를 시험하고
두륜봉, 고계봉, 노승봉, 도솔봉, 혈망봉, 향로봉,
연화봉, 가련봉이 구곡구교(九曲九橋)를 이루고
최남단 토말(土末, 땅끝)로 나간 산등성이 아련하며
남해의 조망은 명승(66호)지를 뒷받침하고
기암과 반암이 만든 구름다리는
구름이 끼이지 않아도 두륜산의 명물이네.
호국문의 얕으막한 돌담길 앞
해마다 호수의 흐름을 보인 장군샘은
승려들의 지혜와 기력의 원천이며
서산대사의 유물박물관
만년 불패지지를 증명하니
중국 곤륜(崑崙)산맥의 줄기와
백두산(白頭山) 정기가 한반도 땅끝에서 일어나
두륜산(頭崙山)의 의미를 되새기더라.

미인봉, 596m, 2016. 12. 11.

미인봉(美人峯)

제천시 청풍면의 미인봉
암벽등반도 거부한 저승봉의 새 이름
충주호의 여유와 동산의 비호 속에
눈부신 하늘만 바라본다.
대설을 며칠 지난 여명의 시간에 출발하여
시작부터 등고하니 숨 쉴 틈도 없다.
산 너머 산이고
구름 너머에도 산이며
바위에서 바위로 연결되고
바위와 바위 사이를 지나면
바위로 만든 비탈길
살짝 눈에 위험을 무릅쓰고
잠시 멈춰 보면 까마득한데
그 위에
누가 보라 누워 있던
미인의 여유로움에 놀란다.
안 가 본 사람은 안가도
가 본 사람은 또 가는 산에서
나이가 들면서 뻔뻔해진 걸까
기적 같은 일이 현실이 되길 바라는 것일까
살아 천년 죽어 천년이란
허물 벗고 버티는 주목 옆에서
산 밑에 새로 꿈틀대는
새봄의 기운을 받고 싶다.

백월산, 570m, 2008. 1. 17.

백월산(白月山)

전국에 많이 있는 이름의 산이나
금북정맥을 잇는 청양의 백월산이다.
추위가 유달리 기승하여
새봄을 기다리는 계절에
백금 저수지 지나 들머리에 들어서니
임도를 건너게 되고
조금은 허물어진 절터도 있다.
촘촘히 매달린 오색 리본과
능선길의 정맥 안내도는
다수가 찾고 이름난 산을 입증하는데
나이 먹은 소나무의 슬픈 사연은
일제 만행의 흔적으로 충분하고
빙판 된 길과 바위는
방심은 금물이라며 긴장을 주니
미운 짓이 고운 짓 되듯
바위 위 잔설 속에 핀 정상석을 맞으며
성태산 오서산의 부름에 대답하고
파란 하늘에 흰 구름과 대화를 나누니
어느새
무거웠던 발걸음은 건강을 주고
거칠었던 숨소리는 즐거움으로 변하더라.

삼길산, 166m, 2018. 1. 18.

삼길산 연가(三吉山 戀歌)

서산시 화곡리 삼길포의 삼길산
겨울답지 않은 포근함에
극심히 미세먼지 기승을 부려도
산을 좋아하는 사람들과 하나가 된다.
옛 실치의 삼길포 명성은 시들해도
새로운 모습으로 변화에 대성공이다.
서산과 당진을 연결하는 대호방조제(동)
대산의 상징 3사 화학단지(서)
뜸부기 쌀의 고향 드넓은 간척지(남)
서해안의 아담한 섬 대, 소난지도(북)가
위기상황을 횃불과 연기로 알리던
삼길산 봉수대에 활짝 핀다.
천년고찰 해월사(현)삼길사)의 독경 소리
상전벽해(桑田碧海)의 시발점이 되고
바다에 취한 놀래미 놀라 뛰고
갈매기는 즐거운 군무를 하며
꿈을 안고 출항하는 어선들 바쁘니
선상 어시장엔 손놀림 화려하다.
천연과 인공의 조화로
서해안의 나폴리가 된 삼길포의 삼길산에서
청춘을 돌려달라며 부르는
삼길포 사랑에 빠져
추억을 남김없이 먹으며
노년의 즐거움을 노래했다.

서원산, 480m, 2018. 1. 20.

서원산(書院山)

황제가 날 명당을 품은
예산군 덕산 도립공원의 서원산
칡넝쿨처럼 얽힌 서원(書院)에서 유래하고
보덕사가 그 사연을 안다.
여러 번 가 본 산도
갈 때마다 맛과 멋이 다른데
솔껄(솔잎)이 푹신 깔렸고
불어대는 삭풍에 솔향기 물씬 풍기며
옷 벗은 낙엽송 사이로는 얼음에 덥힌 저수지
하얀 무늬 입은 가야산 봉우리들
티 하나 없는 파란 하늘
겨울답지 않고 포근한 대한 절기
부드러운 육산 능선
처음 가는 산에서의 그림을
머리 좋은 너의 상상에 맡긴다.
시간이 너의 스승이라면
말없이 흐르는 시간 속에서
너의 행복을 만들고
서삼릉으로 옮긴 헌종의 태실
당시의 풍수와 미술 양식을
거북 수석(獸石)이 지켜내고 있는 것을
보는 것은 즐거움의 덤이더라.

선왕산, 255m, 2017. 1. 8.

선왕산(仙王山)

새가 날아오르는 형상이란
비금도(飛禽島)의 진산 선왕산(仙王山)
그림산과 짝을 이루어
비경을 빛내고
다양한 바위 위에
다른 모습의 바위로
그림의 완성을 연출한다.
능선 길 좌우에
속을 알 수 없는 바다와
경지정리 된 논과 염전을 거느리고
육산과 암릉의 조화는
오르내림의 맛을 더하고
한산 저수지와 금천 저수지의
부러움을 오롯이 받더라.
아름다움에 취하고
멋스러움에 취하여
시작의 설레임을
하산의 망설임으로 바꾼 산은
행복은 목표가 아니라
현재의 선택이고
운명 따라 세월 따라
순리대로 살아가며
인생이 깊어지고 익어가는
진리를 말하더라

선자령, 1,157m, 2018. 1. 14.

선자령(仙子嶺)

세계의 시선이 집중되는 2018년 평창
바람의 고향답게 거대한 바람개비
쉼 없이 돌고 돌았고
선자(仙子)의 모습 그대로 선자령을 알린다.
부드러운 구릉과 낙엽송의 무리 속에
장단풍은 벌거벗고 도열하여
환호하며 손을 흔들고
그 속은 등산객이 꽈ㅡ악 메운다.
친화적인 이름 바우길 섶엔
짧게 자란 억새풀의 넓은 광장
발왕산, 계방산, 오대산, 황병산 조망을 돕고
상고대 꽃은 은빛으로
기린초, 꿩의 다리, 장구채, 꽃창포, 피나물 등
처음 들어보는 풀들을 보듬으니
거대한 백두대간 선자령 정상석은 더 높다.
걱정과 염려와 위험을 이겨내며
몰아치는 삭풍을 녹이는 겨울 산행
밀물과 썰물을 다스린 바다처럼 멋지다.
보현사의 깊은 계곡에 핀 얼음
꽃도 만들고 폭포도 만드니
풍상을 이긴 거목 금강송
오늘 받은 영감으로
오늘보다 훌륭한 내일을 꿈꾸라 하네.

소금산, 343m, 2018. 2. 20.

소금산(小錦山)

원주시 소금산
송강 정철의 관동별곡에 소개된 간현을
출발하여 원점 회귀하다.
석곡천 단석천과 계정천이 삼산천(三山川)을 이루고
산과 기찻길이 어울려 섬강으로 유입되니
세월이 조각한 예술품 되어
정철은 작은 금강산이라 하고
이식은 동계 8경의 하나(구암)를 말하며
백야곡 택풍당은 영의정(2명)과 판서(10명)를 배출하여
이곳의 명성을 보탰다.
공중을 걷고 사람과 부딪히며
기암절벽을 만나게 하는 출렁다리
100m 높이에 200m 길이는
흔들림의 긴장감을 고조시킨다.
난간 잡고 뒷걸음을 유도하는 404 철계단을
앙상한 고사목은 죽어서도 지키며
다른 생각 버리라 하고
얼음판이 된 섬 강변 터널을 지나는 풍경 열차
산과 강이 서로 넘지 않으며
지붕 없는 미술관을 이루니
산을 내려오면 많아지는 생각을
노란 옥수수 막걸리가 붙잡으며
답을 찾으러 산에 가는 것 아니고
걷는 것 자체가 답이라 한다.

수리산 태을봉, 489.2m, 2017. 12. 3.

수리산 태을봉(修理山 太乙峰)

경기도 군포시 수리산 정상 태을봉
바위가 독수리 모양 같아 붙여졌고
견불산(見佛山), 수리산(修李山), 태을산(太乙山)이라고도 한다.
조선 현종 때 박해받던 천주교 신자들이
숨어 지내던 담배촌과
최양업 신부의 가족 수난사를 안고
수령 200년 이상의 고목과
자연 휴양림에 독서의 숲
초막골 공원과 약수터
역사적, 민속학적 주목받는 당집을 품어
산림청의 '아름다운 숲' 을 수상한
경기도 최후 도립 공원이다.
수리산 관리사무소를 출발하여
용진사 — 슬기봉 — 밧줄바위 — 칼바위 —
병풍바위 — 태을봉을 찾는데
오락가락하는 겨울비에 자욱한 안개
가랑잎과 바위들의 조화는
시선 돌릴 틈 없고
소문난 풍광을 즐길 수 없더라.
동양사상에서 우주의 본체라는 태을(太乙, 峰)에서
만물의 출현과 성립의 근원을 생각하며
노랑 바위 전설을 뒤로한 하산길에
굴참나무와 신갈나무를 괴롭힌 흔적 덮고
도립공원답게 관리되길 바라며
아쉬움과 미련 속에 좋은 생각만 하자고…!

수암산, 280m, 2013. 12. 18.

수암산(秀巖山)

용봉산과 어깨를 맞대고 서서
가야산 봉우리들을 바라볼 수 있고
내포 신도시를 품고 있는 수암산
수암산성이란 이름은 가물거려도
고려시대 석조 보살 입상이 건재하고
예당평야를 한눈에 감시하고 있다.
가벼운 마음으로 편안히 올라
나라 사랑하는 정신을 길렀고
나라 위해 목숨 던진 윤봉길을 기렸으며
여승의 고향 수덕사의
만공 스님 독경 소리가 환청 되며
전국을 무대로 발로 뛰던
보부상의 역사를 배웠다.
충남무형문화재 지구유(地球乳)는
최고의 온천지대를 만들었고
예산의 명품 사과는
붉게 물들어 최상의 맛을 전하니
누구든지 쉽게 찾아
3고*를 마음껏 즐길 수 있어
건강을 위하여 산을 좋아하는 지인과
마음에 여유가 있으면 자주 들리는
아주 귀중한 산이다.

* 3고 : 아름다운 자연을 보고, 최고의 온천에서 닦고, 맛있는 것을 먹고.

승봉산, 355.5m, 2017. 2. 12.

승봉산(升峰山)

섬들의 고향
신안 암태도의 승봉산
잔디 양탄자를 즐기며 밟았고
잔설 속에서 존재를 알리는
자생 군락 하는 바위솔을 비켜서면
적당히 긴장 주는 암릉길
이정표 속에 묻혀 있는 정상은
흔적 없이 그냥
왔다 가라 하여도
1004의 섬들이 사방에서
승봉의 정기 받으려 하고
보약 놓고 찾는 이는
만물상 장관에 풍취 하며
오리 없는 오리 바위와
마당 없는 마당 바위는
딱따구리 웃음을 낳는다.
섬들로 둘러싸여 있으며
섬은 보면서 섬인 줄 모르니
같은 눈으로 보아도 달리 보이며
같은 마음을 전하지 못하는 것이
섬 등산의 맛인가 한다.

신선봉, 845m, 2016. 12. 11.

신선봉(神仙峯)

미인봉 지나 금수산 가는 길목
기암과 절벽 그리고 암릉은
못난이 바위 말 바위 물개 바위를 만들고
손바닥 바위는 노송과 짝을 이룬다.

충주호의 도도한 풍광이 장관이고
작은 동산과 더불어
산악 마라톤 코스가 된 이유를 말한다.

산 아래 산은 산 끼리 어깨동무
산 너머 또 산은 병풍을 치고
산속의 산에서 하늘을 만난다.

여유롭고 넉넉하여
곤두박질쳐도 웃을 수 있는 배려로
돌모듬과 신선봉 정상을 맞으니
신선 된 기분을 누가 알까 감춘다.

겨울 산행의 미끄러움에
쌓인 낙엽이 오금을 저리게 하여도
사태골을 흐르는 물이
흘린 땀을 시원하게 한다.

영인산, 363m, 2017. 12. 18.

영인산(靈仁山) 엘레지

2017년 일신산악회 정기 산행은
1월 3일 가야산 시산제로 시작하여
12월 18일 아산 영인산에서 맺는다.

아산(牙山)의 상징 어금니 바위 지나
흔들바위[動石] 전설을 더듬으며
신선봉, 깃대봉, 연화봉을 섭렵하며
수목원과 습지학습 지구를 넣었고
국가 위기상황의 영인산성을 새겼다.
자연 휴양림에 묻혀 즐기는 음식
봉삼주에 산사주
포항 과메기와 돼지 껍데기 요리
콩고물 떡에 과일까지
동행인의 정을 나누기에 넘쳐
'내 나이가 어떠냐?' '백 세 인생' 을 개사하여
등산하기 딱 좋은 나이라 하였고
80세에 저승에서 날 부르러 오거든
아직도 갈 산이 너무 많아
못 간다고 전하라 하였다.
시원스레 넘치던 용샘 밑에
솟아오른 얼음 조각품에 안겨
하루의 모든 것을 묻었다.

오서산, 791m, 2018. 1. 29.

오서산(烏棲山) 이야기

서해의 등대, 나침판이란 오서산
금북정맥의 최고봉이요
태양숭배 사상과 산악 사상의 중심이다.
산제당 터에서 물 한 모금하고
능선길 같지 않은 능선길 따르면
굶주림의 한이 서린 볏섬바위
평생 정상만 바라보는 자라바위 만나고
빙판과 위험 요소를 극복하고
억새풀에 스며드는 서해의 낙조라
예쁘게 새겨진 정상석을 보면
신령스러운 기운이 넘치고
두 팔 벌려 기운을 받을 만하며
지난가을의 은빛 물결을 그린다.
쉰질바위 이정표를 따르면
백제 부흥 운동의 복신굴도 만난다.
뽀드득 발작 소리에 맞춰
오(烏)는 보내고 작(鵲)을 만날 것 같아
눈길도 가볍고 가볍다.
역대급 한파가 극성을 부려도
갓 덖은 녹차향기를 느끼며
산행의 즐거움은
바로 이 맛이여….

옥양봉, 621m, 2017. 2. 18.

옥양봉(玉洋峰)

지구유(地球乳)의 존재로 유명한 덕산
마지막 점을 찍은 도립공원의 옥양봉(玉洋峰)을
얼음장 밑으로 오는 우수에 만나다.
남연군의 묘 입간판을 무심코 지나니
관음전 가는 모노레일이 겁을 주고
쉰 길 바위 옆 긴 깔닥고개가 막아서도
함께 하는 길에 힘이 생기고
넘치는 열정의 믿음으로
석문봉. 가야봉. 원효봉을 눈에 넣었고
개심사. 일락사의 상왕산과
보현사지의 용현계곡을 굽어보며
과정의 고통은 모두 잊고
쫙 펼쳐진 하늘을 품었고
주인 없는 바람의 주인 되어
나에게만 내어준 자연에
잠시 할 말을 잊었다.
스며드는 칼바람이
몸부림치는 잔설을 녹이고
단풍나무에는 붉은 물을 뿌리며
다른 맛을 누리려면
항상 건강하소서 한다.

조서산 상사정, 220m, 2018. 2. 9.

조서산 상사정(相思亭)

보령시 오천면 소성리
도미 부인 솔바람 길 따르면
고즈넉한 천년고찰 선림사
역사와 전설을 이야기하고
발길 닿지 않는 숲속엔
하얀 미륵불상 외롭다.
조선 5대 수영의 하나인 충청 수영
백제 도미 부인의 도미항과 미인도
천주교 순교성지 갈매못
애틋한 사랑이 깃든 쌍오도의 전설을 품은
조서산 상사정이다.
백제 개루왕의 시험을 슬기롭게 극복한
도미 부인 정절비
오석에 사연을 새겨서
험한 세상을 무심(無心)에 빠뜨리고
천수만의 푸른 바다
아름다운 원산도와 안면도
바람과 햇빛에도 흔들리지 않는다.
조서의 한자를 찾으며
상사(相思)에 잠기는데
앞뒤로 산이 나타나
사나이 가슴을 뻥 뚫어놓고
세월의 음악 소리를 산에서 들리게 하니
도대체 산은 무엇이란 말이냐?.

칠갑산, 561m, 2017. 2. 3.

칠갑산(七甲山)

천지 만물의 생성원리가 되는 칠(七)*과
육진 갑자의 으뜸인 갑(甲)에 연유한 이름
천년 고찰 장곡사의 운치와
청양고추와 구기자의 명성은
청양 진산의 품위를 더하고
콩밭 매는 아가씨의 운율은
그물에 걸리지 않고 퍼져
솔바람 길에 흠뻑 배어 있고
입춘 전날의 분위기는
뽀드득하는 아이젠 소리 밟으면서
얼음장 밑에서 헤엄치는 물고기와
눈보라 속에서 피어나는 매화를 그렸고
혼자라서 좋은 것이 아닌
함께라서 더 좋은 길이 되더라.
산의 무게감을 느끼는 칠갑산 표지석
건너다보이는 삼형제봉의 부러움을 받고
천장호 출렁다리 넘는 발걸음 담으며
통일, 안녕, 건강을 기원하는 제단에 어울리니
마주한 파란 하늘의 하얀 비행(飛行) 무(霧)는
해풍에 단련된 선장같이 여유로워
행복을 찾는 마음의 길이 되고
즐거움을 찾는 마음의 길이 되어
이유가 아닌 이유로 그냥
그냥 좋다. 그냥 좋아…!

* 칠(七) : 地, 水, 火, 風, 空, 見, 識을 말함.

태화산, 423m, 2012. 12. 18.

태화산(泰華山)

태화산 마곡사 일주문 지나
사곡면 젖줄 마곡천 상류
깊은 산골엔 천년고찰 마곡사를 품은 산으로
공주시 사곡면, 신풍면, 유구읍에 걸쳤다.
세조와 김시습의 일화로 유명하고
마곡사 솔바람 길, 백범 명상길을 따라
백범의 은거지 백련암을 보며
소원을 비는 곳도 지났다.
육산 능선길을 대화하며 맞은
활인봉이란 정상석이 손을 내민다.
무성산과 국사봉 등 산줄기가 겹쳐
태극 모양의 특이한 지형에
청양 칠갑산과 계룡산이 한눈에 박힌다.
겨울철의 진객 하얀 눈이
적송을 독야청청하게 만들고
송뢰(松籟)는 찬 기운으로 들린다.
샘골 마을로 향하는 하산 길도
소나무 향기가 물씬 배어
송림욕 산행이 되었다.
김구 선생이 기념 식수한 향나무가
대광명전 앞에서 모든 것을 잊듯이
오늘은 여기서 끄-ㅌ 한다.

홍동산, 308.9m, 2018. 1. 4.

홍동산(洪東山)

어제는 면천 몽산에서 시산제 지내고
내일로 가는 길목 오늘은 홍동산을
덕산 윤봉길 의사 생가와
길영희 교장의 가루실 농민학교 지나
수덕고개 싸늘한 인심 무릅쓰고
칼칼한 날씨를 이기며 만나러 가는데
수암산에서 용봉산 넘어서까지
완전 육산의 기~인 능선길로 동행한다.
전국에서 찾아와 매달린 많은 리본
빛깔이 변해서도 여전히 반긴다.
화마가 할퀴고 지나간 자리엔
산신령 지팡이가 여기저기 까맣고
넓은 고사리밭은 잡풀과 한 덩어리.
백월산이 부르고 삼준산은 손짓하는데
금북정맥 홍성 둘레길 홍동산 정상이란다.
최영, 김좌진, 한용운을 떠올리며
분지의 중앙에 서서 포근함을 느꼈고
등잔 밑이 어둡듯이
가까운 곳에 있는데
오랜 기다림 뒤에 나타나
만년의 즐거움을 배가하려는 것 같아
흡족해하였고
그래서 또 다른 산을 생각하게 하더라.

수정봉, 804.7m, 2016. 2. 2.

수정봉(水晶峰) 가는 길

가야산 줄기 수정봉을
하얀 눈이 소복이 쌓여
길이 없어서
나무가 비켜선 사이로
뽀드득 소리에 맞춰 걷노라니
가끔 나무가 무거운 듯 내리는 것은
장난삼아 방해하는 것 같고
바람이 만든 언덕은
두런두런하며 비켜간다.
반짝반짝 빛나 수정이라 하였거늘
가는 길도
오늘따라 더 빛이나
오래 기억하고 싶다.
빨리 갈래야 갈 수도 없지만
함께 가야 멀리 갈 수 있음을
말없이 가르쳐 주고
속도보다 방향이 중용함을
분명히 터득하게 되더라.
건강을 담보로
가는 길 끝없이
오래오래 가고 싶다.

문학세계대표작가선 862

산 너머 산

남상원 제4시집

인쇄 1판 1쇄 2018년 12월 7일
발행 1판 1쇄 2018년 12월 14일

지 은 이 : 남상원
펴 낸 이 : 김천우
펴 낸 곳 : 도서출판 천우
등 록 : 1992. 2. 15. 제1-1307호
주 소 : 서울시 성동구 무학봉28길 6 금용빌딩 2F
전 화 : 02)2298-7661
팩 스 : 02)2298-7665
http://moonhak.wla.or.kr
E-mail : chunwo@hanmail.net

값 15,000원

이 책은 당진문화재단 사업비로 제작되었으며 「2018 당진이시대의문학인」 선정작품집입니다.

ISBN 978-89-7954-734-4

이 도서의 국립중앙도서관 출판예정도서목록(CIP)은 서지정보유통지원시스템 홈페이지(http://seoji.nl.go.kr)와 국가자료공동목록시스템(http://www.nl.go.kr/kolisnet)에서 이용하실 수 있습니다. (CIP제어번호: CIP2018038487)